Stéphane

Production orale
DELF B2

DU MÊME AUTEUR

Disponibles sur communfrancais.com :

— Objectif DELF B1

— Objectif DELF B2

— Objectif DALF C1

— Production écrite DELF B2

— Les mots de l'info – *Le vocabulaire de l'actualité pour les niveaux B2 et C1*

— Les mots pour convaincre – *Le vocabulaire essentiel pour argumenter à l'écrit et à l'oral*

— Écoute le net ! – *101 techniques pour améliorer la compréhension orale avec Internet*

TABLE DES MATIÈRES

Bienvenue ! 7

Introduction 9
    Présentation de l'épreuve 9
    Compétences attendues 11
    Comment parlez-vous ? 13
    Besoin d'un modèle ? 16
    Point stratégie 20
    Production guidée : introduction 21

Chapitre 1 - Préparer le monologue 23
    1.1. Analyser le sujet 23
    1.2. Chercher des idées 27
    1.3. Préparer un plan 31
    1.4. Production guidée, étape 1 36
    1.5. Point stratégie 37

Chapitre 2 - Présenter le monologue 39
    2.1. Introduire un exposé 39
    2.2. Développer des arguments 42
    2.3. Relier des arguments 52
    2.4. Conclure un exposé 57
    2.5. Production guidée, étape 2 59
    2.6. Point stratégie 60

Chapitre 3 - Contrôler sa production 63
    3.1. Quels sont les critères d'évaluation ? 63
    3.2. Contrôler le contenu 66

    3.3. Production guidée, étape 3 68

    3.4. Corriger ses erreurs 69

    3.5. Production guidée, étape 4 73

    3.6. Point stratégie 74

Productions libres 75

Chapitre 4 - L'entretien 83

    4.1. Anticiper 84

    4.2. Réagir 88

    4.3. Point stratégie 94

Bilan 97

Corrigés des activités 99

Annexes 139

    Thèmes essentiels 139

    Fonctions essentielles 140

    Grammaire essentielle 142

    Marqueurs essentiels 144

    Liens utiles 146

    Outils 148

Bienvenue !

Bienvenue dans *Production orale DELF B2*, le guide qui permet de se préparer vite et bien à l'oral du DELF B2, en classe ou en autonomie. De nationalité française et professeur de français langue étrangère (FLE) à Hanoï (Vietnam), j'ai créé en 2016 *commun français* pour proposer des manuels destinés aux niveaux intermédiaires et avancés. Examinateur habilité, cela fait plus de 20 ans que je fais passer les examens du DELF et du DALF. Passionné par l'apprentissage des langues sur Internet, j'anime depuis toujours des forums et des groupes sur Facebook.

Production orale DELF B2 fait partie de la collection « À l'épreuve », entièrement conçue pour guider dans la préparation aux examens du DELF-DALF. Voici les autres titres déjà parus :

— Production écrite DELF B2

Devenez membre de commun français

L'e-book « Tests et diplômes de français - comment choisir ? » est offert à tous les nouveaux abonnés à la lettre de Commun français :
https://communfrancais.com/accueil/abonnez-vous/

Téléchargez les documents audio

Certaines activités dans ce livre sont accompagnées de **documents audio**. Je vous invite dès maintenant à les télécharger sur cette page :

communfrancais.com/ressources/production-orale-delf-b2/

Contact

Travailler avec un livre ne veut pas dire travailler seul. Vous pourrez à tout moment poser des questions et échanger avec d'autres lecteurs sur le forum de commun français : https://www.facebook.com/groups/communfrancais/

N'hésitez pas à me contacter par courrier électronique pour toutes vos remarques et suggestions sur *Production orale DELF B2*. Je me ferai un plaisir de vous répondre : contact@commnunfrancais.com

Bonne préparation !

Introduction

Présentation de l'épreuve

Regardons d'abord la description officielle de l'épreuve de production orale :

Présentation et défense d'un point de vue à partir d'un court document déclencheur. 30 minutes de préparation. 20 minutes de passation.

Qu'est-ce que c'est un point de vue ?

Vous devrez exprimer votre opinion sur un problème. Comme pour l'épreuve de production écrite, **il s'agit d'argumenter.** Attention : argumenter, ce n'est pas donner des informations. Il ne faut pas écrire une liste de faits et d'exemples. Argumenter, c'est :

— justifier une opinion en développant des idées ;

— illustrer ses idées par des exemples précis ;

— présenter ses idées dans un ordre efficace.

Surtout, argumenter c'est toujours communiquer. Le but est de convaincre. **Les examinateurs ne jugeront pas vos idées, mais votre capacité à les exposer et à les défendre.**

Qu'est-ce que c'est un document déclencheur ?

Vous devrez préparer l'exposé de votre point de vue à partir d'un document. Il s'agit d'un extrait d'un article de presse de 150 mots environ. Ce document sert seulement à **introduire le sujet.** Vous ne devrez pas étudier le texte dans le détail.

Quelle forme doit prendre ma production orale ?

L'épreuve comprend **2 parties distinctes.** Dans un premier temps, vous devrez présenter votre point de vue sous la forme d'un exposé, appelé *monologue suivi*, d'une durée de 10 minutes environ. C'est un exercice assez formel qui doit comporter une introduction, un développement et une conclusion. Dans la deuxième partie de l'épreuve, un examinateur vous posera des questions. L'oral prend alors la forme d'un *débat*.

Comment cela se déroule concrètement ?

L'examen suit les étapes suivantes :

1. Vous êtes appelé dans la salle de préparation.

2. Vous devez choisir rapidement entre 2 sujets, c'est-à-dire entre 2 documents (extraits d'article de presse). La consigne de l'exercice est toujours la même, alors ne perdez pas de temps à la lire : *Vous dégagerez le problème soulevé par le document que vous avez choisi. Vous présenterez votre opinion sur le sujet de manière claire et argumentée et, si nécessaire, vous la défendrez au cours du débat avec l'examinateur.*

3. Vous avez 30 minutes pour préparer votre exposé, c'est-à-dire écrire sur un brouillon un plan détaillé que vous utiliserez pour guider votre exposé. Vous n'avez le droit à aucun document pour vous aider. Par ailleurs, n'essayez pas d'écrire un texte. Vous n'avez pas le temps et, pendant la passation, si vous commencez à lire sur votre brouillon des phrases entièrement rédigées, les examinateurs vous arrêteront immédiatement !

4. Vous vous rendez dans la salle de passation où vous attendent 2 examinateurs. N'oubliez pas de saluer avec un sourire. C'est très important ! Vous leur montrez vos papiers (convocation, carte d'identité...). Normalement, on ne vous demande pas de vous présenter. En principe, on vous rappelle rapidement l'organisation de l'épreuve.

5. Ne lisez pas l'article de presse aux examinateurs. Présentez tout de suite votre exposé. Il ne doit être ni trop long, ni trop court. 9-10 minutes, c'est l'idéal. Vous pouvez bien sûr consulter votre plan, mais n'oubliez pas de regarder les examinateurs. Pendant ce temps, ils n'interviennent pas, ne posent pas de question, sauf si vous restez silencieux trop longtemps ou si vous êtes hors sujet.

6. Votre exposé terminé, commence le débat avec un examinateur tandis que l'autre prend des notes. En fait, l'examinateur parle peu. Il vous pose des questions pour vous inviter à confirmer, compléter, défendre votre point de vue, etc. Il peut aussi jouer à être contre vous. La forme est plutôt celle d'un *entretien* et c'est ce mot que j'utiliserai dans ce livre.

7. À la fin de l'examen, vous rendez le document et votre brouillon. Il est inutile de demander votre note... Les examinateurs ne pourront vous donner aucun résultat !

Compétences attendues

Qu'est-ce que vous devez savoir faire pour réussir l'épreuve de production orale au DELF B2 ? Autrement dit, quels sont les **objectifs** à suivre pour votre préparation ?

> **Compétence générale**
>
> Vous devez être capable :
>
> — d'exprimer un point de vue détaillé sous la forme d'un exposé préparé, clair et cohérent, avec une prononciation assez naturelle ;
>
> — de répondre à des demandes de précision et défendre votre point de vue, avec assez d'aisance pour que la conversation se déroule sans tension.

L'épreuve comprend 2 parties différentes, qui nécessitent des compétences différentes.

I. L'exposé (monologue suivi)

Pour exprimer un point de vue détaillé, clair et cohérent, vous devez savoir :

Planifier l'exposé :

- Dégager une problématique à partir d'un article de presse
- Rechercher rapidement des idées et des exemples
- Préparer un plan détaillé

Présenter l'exposé :

- Introduire et conclure
- Développer des arguments
- Utiliser des connecteurs
- Utiliser des transitions entre les parties

II. L'entretien

Pour l'entretien, vous devez savoir :

- Comprendre les questions de l'examinateur
- Apporter des précisions
- Reformuler des idées

— Confirmer un point de vue

— Exprimer un accord ou un désaccord

— Exprimer des sentiments

> **Zoom sur la notion d'aisance**
>
> Une des conditions pour réussir l'examen est de parler avec assez d'aisance. Qu'est-ce que l'aisance exactement ? En voici l'excellente définition de Hilde SCHMITT-GEVERS : « *Une production aisée ne contient ni trop de pauses ni trop d'hésitations, de répétitions ou d'interjections. Le débit doit être acceptable et le récepteur ne doit pas trop s'impatienter ni se concentrer avant de comprendre le message. En un mot, rien ne doit gêner le décodage.* » (*La notion d'aisance dans la production et la réception orales en langue étrangère*, Mélanges Crapel N°21, 1993).

Autrement dit, au niveau B2, on attend que vous parliez de manière assez naturelle. Même si des erreurs ou des maladresses sont encore tolérées, **l'examinateur ne doit pas avoir de difficulté à vous comprendre.**

Quel niveau de langue ?

Au niveau B2, comme il s'agit d'un exposé, il faut savoir parler dans un **registre assez formel.** Vous devez savoir dire des phrases complexes et utiliser un vocabulaire assez riche et précis.

Vous devez aussi **contrôler les erreurs** les plus fréquentes. À partir du B2, on tolère moins les erreurs de conjugaison sur les verbes courants par exemple.

Notez bien que ce livre n'est pas un cours de français général. Son objectif est de vous préparer à l'examen. Par conséquent, **nous travaillerons en priorité sur les compétences de l'exposé et de l'entretien.** Nous ne pouvons pas étudier dans ce livre toute la grammaire et le vocabulaire nécessaires au niveau B2. Toutefois, j'ai prévu des activités de langue pour vous signaler les points essentiels et pour vous permettre de vous tester.

De plus, vous pourrez consulter dans les *annexes* une description détaillée du vocabulaire et de la grammaire à connaître. Lisez-la attentivement, essayez de distinguer ce que vous connaissez déjà et ce que vous devez encore apprendre.

Comment parlez-vous ?

Apprendre à bien parler en général, et préparer le DELF B2 en particulier, demande d'utiliser de bonnes stratégies. Vous trouverez dans ce livre des *points stratégie* pour vous aider à améliorer votre oral en français.

Mais commençons par un petit test sur vos stratégies. Lesquelles utilisez-vous déjà ?

> **Stratégie**
>
> Une stratégie est une « bonne pratique » ou technique qui vous aide à organiser votre préparation, réaliser des activités ou contrôler les résultats.

J'entends souvent des étudiants me dire : *je suis trop mauvais à l'oral*. En réalité, il n'y a pas de bon ou de mauvais : il y a ceux qui adoptent les bonnes stratégies et les autres... Et vous alors, quelles sont vos stratégies ?

Activité

Lisez cette liste de stratégies et vérifiez si vous les utilisez. Puis, lisez mes conseils dans les pages suivantes.

1. Vous écoutez régulièrement du français.

2. Vous observez les règles d'organisation.

3. Vous pratiquez souvent l'oral seul.

4. Vous pensez en français quand vous parlez.

5. Vous trouvez normal de parler dans une langue étrangère.

6. Vous n'avez pas peur de faire des erreurs.

7. Vous vous évaluez régulièrement.

8. Vous repérez vos erreurs de langue.

9. Vous vous enregistrez souvent.

10. Vous travaillez souvent l'oral avec un ami.

11. Vous savez à qui demander quand vous rencontrez une difficulté.

Voici mes conseils...

1. Vous écoutez régulièrement du français.

La compréhension et la production sont très liées. En écoutant du français, vous développez votre vocabulaire et vous mémorisez des modèles de phrases. De plus, les sujets imposés dans les examens comme le DELF B2 sont toujours pris dans l'actualité. Il est donc nécessaire de s'informer par la radio ou la télévision. Mais pratiquez aussi pour le plaisir bien sûr, en regardant des films ou en écoutant des chansons. Vous trouverez des exemples de médias francophones dans les *liens utiles en annexe*.

2. Vous observez les règles d'organisation.

Il est important de savoir observer et analyser. Quand vous écoutez un exposé argumentatif par exemple, notez comment les idées s'enchaînent, comment on conclut... Analysez également les différences entre l'écrit et l'oral. À l'oral, on tolère plus facilement les répétitions, les hésitations, etc.

3. Vous pratiquez souvent l'oral seul.

Cela vous étonne ? Pourtant, se parler *mentalement* (dans sa tête) est un exercice qui n'a que des avantages. D'abord, vous pouvez pratiquer partout (dans le bus pour aller à l'université...). Ensuite, imaginer un dialogue ou un exposé dans sa tête permet de s'entraîner sans stress. C'est enfin un excellent moyen de mémoriser et de savoir ce que vous avez encore besoin d'apprendre.

4. Vous pensez en français quand vous parlez.

C'est indispensable ! Préparer des phrases « dans sa tête » en langue maternelle puis traduire mot à mot en français donne de mauvais résultats. Pensez plutôt par notions et fonctions, c'est-à-dire avec des phrases modèles. Par exemple, comment on exprime la conséquence en français ? Quelles phrases avez-vous déjà en mémoire ? Vous trouverez *en annexe la liste des fonctions essentielles* pour l'argumentation au niveau B2.

5. Vous trouvez normal de parler dans une langue étrangère.

Vous vous trouvez bizarre quand vous parlez en français ? Vous craignez d'être ridicule ? C'est normal ! Mais cela veut dire aussi que vous manquez un peu de pratique... À partir du niveau B2, parler français doit devenir une routine et même, je l'espère, un plaisir ! Pensez qu'apprendre une langue, c'est s'ouvrir à une autre culture. En général, cela entraîne des changements positifs !

6. Vous n'avez pas peur de faire des erreurs.

La peur de faire des erreurs peut être bonne ou mauvaise. Mauvaise, si elle vous bloque dans l'expression. Faire des erreurs est normal. C'est comme cela que l'on apprend. Donc, parlez le plus possible et ne cherchez pas la perfection. En revanche, cette peur est bonne, si elle vous pousse à apprendre toujours plus, à contrôler vos erreurs, surtout pendant un examen !

7. Vous vous évaluez régulièrement.

En fait, cette stratégie est valable dans tous les domaines. Pour faire des progrès rapides, il faut se poser beaucoup de questions. Après un exposé par exemple, repassez-vous le « film » dans la tête : est-ce que j'ai bien utilisé les connecteurs ? Est-ce que mes arguments étaient clairs ? Est-ce que les auditeurs avaient l'air convaincus, etc. Vous pourrez vous entraîner à l'autoévaluation dans la section *3.2. Contrôler le contenu.*

8. Vous repérez vos erreurs de langue.

Connaissez-vous vos erreurs les plus fréquentes ? Est-ce que vous vous écoutez quand vous parlez ? Est-ce que vous corrigez une erreur quand vous la remarquez ? Cette capacité d'autocorrection est très appréciée lors des examens. Vous pourrez vous y entraîner dans la section *3.4. Corriger ses erreurs.*

9. Vous vous enregistrez souvent.

Je sais bien que l'exercice peut être très pénible... mais il est très efficace. Enregistrez le plus possible vos productions orales. Même des productions courtes comme la répétition de phrases modèles, cela vous aidera à les mémoriser. Réécoutez vos productions avec un objectif précis et différent à chaque fois : une écoute pour vérifier le contenu, une autre pour repérer les problèmes de prononciation, etc.

10. Vous pratiquez souvent l'oral avec un ami.

De nombreux scénarios sont possibles pour travailler l'oral en tandem (par 2). Ensemble, vous pouvez chercher des idées, débattre en jouant des rôles opposés (l'un est pour une solution X, l'autre contre). Vous pouvez également évaluer vos productions selon des critères précis et en justifiant les notes que vous donnez. Ces échanges sont toujours enrichissants. Vous trouverez dans chaque *point stratégie* de ce livre des idées pour travailler en tandem.

11. Vous savez à qui demander quand vous rencontrez une difficulté.

Quand on apprend une langue étrangère, il est important de pouvoir travailler avec d'autres étudiants ou si possible avec un francophone de naissance. Pouvez-vous facilement poser des questions à votre professeur ? Travaillez-vous souvent avec des amis ? Participez-vous à des groupes en ligne ? N'oubliez pas qu'un forum est à votre disposition à cette adresse :

https://www.facebook.com/groups/459545604489876/

Besoin d'un modèle ?

Je vous propose d'observer « en direct » un exemple d'examen. Plus exactement, je vais préparer un exposé (30 minutes) et en même temps, expliquer ce que je fais et pourquoi je le fais. Vous pourrez ensuite écouter mon exemple d'exposé (10 minutes environ).

Prenons le sujet suivant, sur le thème du travail :

> **La majorité des Français favorables au télétravail**
>
> Selon une enquête Ipsos menée en ligne, 65 % des employés de bureau plébiscitent le travail à domicile, alors qu'ils ne sont que 24 % à le pratiquer. Parmi ses avantages, les sondés mettent en avant le bien-être. Le télétravail permettrait en effet de réduire les embouteillages et de choisir son rythme de vie, deux arguments auxquels les habitants de la région parisienne attachent beaucoup d'importance. En revanche, les salariés sont sceptiques en ce qui concerne les contacts professionnels. 44 % estiment en effet que le télétravail nuit aux relations entre collègues.
>
> D'après *20 minutes*, le 03.11.2016.

1. Je planifie mon exposé.

1.1. J'analyse le sujet.

Dans ce type d'exercice, l'analyse du sujet n'a qu'un seul but : **poser une problématique** qui va guider votre exposé. L'article n'est qu'un point de départ pour la discussion. On ne vous demande pas d'expliquer le texte. On ne vous demande pas de le résumer. Vous avez seulement besoin de :

— dégager le problème soulevé dans le texte ;

— relever rapidement les informations essentielles ;

— formuler une problématique.

Quel est le problème ?

Cet article, bien que très informatif, pose un problème qui peut être sujet de débat : les avantages et les inconvénients du *télétravail* pour les employés. Le télétravail se dit aussi *travail à distance* ou *travail à domicile*. Il désigne toutes les situations où l'employé ne travaille pas dans les locaux de son entreprise.

Quelles sont les informations essentielles ?

La source de cet article (nom du journal, date) n'est pas très utile ici. En revanche, le contexte de rédaction de l'article est important pour bien le comprendre. À quelle occasion est-il écrit ? Je note que le texte présente les résultats d'un sondage réalisé par l'institut Ipsos. Selon celui-ci, les Français sont majoritairement pour le télétravail. Je peux relever 2 avantages cités : réduction des embouteillages et meilleur rythme de vie. Je relève aussi cet inconvénient : le manque de contacts professionnels.

Je ne suis pas du tout obligé de traiter ces avantages et inconvénients dans mon exposé. Mais ils seront utiles pour ma recherche d'idées. Je vais pouvoir les développer, les compléter ou les contester...

Quelle problématique ?

Un exposé argumentatif doit toujours répondre à une question. Cette question permet de guider les idées, de ne pas partir dans tous les sens. Elle aide les auditeurs à comprendre mon point de vue. À la fin de mon exposé, je dois avoir répondu clairement à cette question.

Souvent, plusieurs problématiques sont possibles. Mais il faut toujours rester près du problème soulevé dans le texte. Cet article m'invite à formuler une problématique très simple, par exemple : *pour ou contre le télétravail ?* Ou bien un peu plus précise : *faut-il encourager les entreprises à développer le télétravail ?*

Définitions

Le **thème** est le domaine général où se situe un texte : le monde du travail.

Le **sujet** est ce dont parle l'article de façon générale : le télétravail.

Le **problème** est un aspect du sujet, sur lequel on échange des arguments : les avantages du télétravail pour les employés.

La **problématique** est la question à laquelle un exposé argumentatif essaie de répondre : le télétravail est-il une solution d'avenir ?

1.2. Je cherche des idées.

Je commence par noter le plus vite possible toutes les idées et les exemples que je trouve, sans les classer. Je vais donc chercher des **arguments favorables** (avantages) et des **arguments défavorables** (inconvénients) au télétravail. Je n'oublie pas de chercher aussi des exemples.

Arguments favorables :

— C'est écologique : on réduit les déplacements en voiture.

— C'est un gain de temps : je ne passe plus des heures dans le métro.

— C'est plus d'autonomie : je peux organiser mes horaires de travail.

— Une meilleure vie de famille : on peut consacrer plus de temps à ses enfants.

— L'entreprise gagne plus : le salarié moins stressé est plus productif.

— L'entreprise fait des économies : moins de bureaux, moins de frais généraux (électricité, etc.).

Arguments défavorables :

— Des problèmes de contrôle pour l'entreprise : comment être vraiment certain qu'un employé travaille ?

— Risque de solitude : le télétravail diminue les contacts professionnels.

— Confusion vie professionnelle/vie privée : un travailleur à domicile risque d'être plus souvent dérangé par sa famille.

— Pas toujours économique pour l'employé : des frais peuvent passer à sa charge (Internet, etc.).

1.3. Je prépare un plan.

Un plan est indispensable pour **exprimer mon opinion de façon claire et organisée.** Avec une problématique de type pour ou contre, c'est assez simple. Tout dépend de mon opinion générale. *Suis-je pour ou contre ?* Si je suis pour, il est préférable de garder mes arguments favorables pour la deuxième partie. C'est souvent plus efficace.

Ensuite, j'essaie de classer mes idées le mieux possible pour éviter les répétitions.

Par ailleurs, je n'oublie pas comment on note un plan. **Mon plan doit être assez détaillé et précis.** Mais, présenter un exposé n'est pas lire un texte à voix haute. Je ne dois pas essayer d'écrire des phrases (et je ne le peux pas en 30 minutes !).

Voici mon plan :

I. Inconvénients du télétravail

1. Manque de contact

1.1. Risque de solitude. Travail en solo, difficile à supporter pour de nombreuses personnes. Nécessité de ménager des temps de rencontre. Voir également les espaces collectifs de travail.

1.2. Problème d'efficacité. Difficultés du travail en équipe. Prévoir des temps de réunion.

2. Confusion vie privée/vie professionnelle

2.1. Risque de dérangement. Pour la famille, le travailleur à domicile est toujours disponible. Sollicitations fréquentes pour des problèmes domestiques. Passer un « contrat » avec les membres de la famille.

2.2. Manque de repères. Responsabilité de son emploi du temps. Apprendre à se discipliner, mais aussi à se ménager des plages de repos suffisantes.

II. Avantages du télétravail

1. Avantages économiques

1.1. Pour l'entreprise : réduction des frais de fonctionnement (eau, électricité, bureaux). Meilleure productivité de l'employé, moins stressé chez lui.

1.2. Pour l'employé : réduction des frais de transport. Moins de repas à l'extérieur. Mais bien négocier avec la direction le remboursement des charges (Internet, téléphone, etc.).

2. Meilleure qualité de vie

2.1. Meilleur rythme de vie. Moins de temps passé dans les transports. Moins de fatigue et de stress. Plus de temps pour sa famille.

2.2. Moins de pollution. Plus de télétravail, moins de transport. Solution efficace de lutte contre la pollution si on peut la généraliser.

2. Je présente mon exposé.

Je dispose d'environ 10 minutes pour présenter mon exposé. Je prends donc le temps de développer mes arguments et de les illustrer par des exemples. Je consulte mon plan pour ne rien oublier. Mais je n'oublie pas de parler naturellement et de regarder les examinateurs. Enfin, je pense à contrôler mes erreurs. Je n'hésite pas à refaire une phrase si elle est incorrecte.

Voilà pour finir **un modèle d'exposé** que je vous invite à découvrir. **Écoutez le document 1 à cette adresse :**

communfrancais.com/ressources/production-orale-delf-b2/

Point stratégie

Vous venez de voir dans le modèle d'épreuve les différentes étapes à réaliser pour planifier un exposé. 30 minutes de préparation, c'est très court ! Je vois trop souvent des candidats qui ne sont pas prêts quand ils arrivent devant les examinateurs.

C'est pourquoi je vous conseille vivement d'apprendre dès maintenant à **organiser votre temps.**

Activité

Selon vous, combien de temps pouvez-vous réserver à chaque étape ?

1. Analyser le sujet :

2. Chercher des idées :

3. Préparer le plan :

Production guidée : introduction

Dans les 3 premiers chapitres de ce livre, je vais vous aider à réaliser un premier exposé, pas à pas, en 3 étapes essentielles :

1. Préparer
2. Présenter
3. Contrôler

Toutes les activités que vous ferez vous aideront à réaliser cet exposé.

Les 2 premières étapes sont les mêmes qu'à l'examen. Le chapitre *3. Contrôler sa production* est là pour vous aider à améliorer vos productions orales en vous entraînant à l'autocorrection.

À la suite de cette production guidée, vous pourrez continuer à vous entraîner avec des sujets de production libre.

Voici le sujet de la production guidée. *Je vous conseille de copier ce sujet, car vous aurez besoin de le revoir à chaque étape.*

MOOC ou master ?

Les MOOC (acronyme de l'anglais *massive online open courses*), ces cours en ligne gratuits et ouverts à tous, ont connu un essor considérable ces cinq dernières années. Leur offre variée et leur flexibilité en feraient même des concurrents potentiels aux masters. Pour répondre au problème des abandons massifs, les MOOC mettent en place des attestations de suivi, voire des certificats payants. Certains cours offrent même la possibilité d'obtenir des crédits ECTS, que les étudiants pourront faire valoir dans leur cursus universitaire.

Mais produire un MOOC coûte cher (50 000 euros environ), ce qui incite la plupart des établissements à cibler un public très large. Par conséquent, selon Mathieu Cisel, auteur d'une thèse récente sur le sujet, « *70 % des MOOC sont des cours introductifs* », qui ne sont pas en mesure de concurrencer les masters. Cependant, des universités américaines essaient actuellement de bâtir des cursus entiers, en séquençant une dizaine de cours.

D'après Sophie Blitman, *Le Monde*, 26.01.2017

1. Préparer le monologue

Reprenons la consigne que vous trouverez certainement à l'examen, c'est toujours la même :

Vous dégagerez le problème soulevé par le document que vous avez choisi. Vous présenterez votre opinion sur le sujet de manière claire et argumentée et, si nécessaire, vous la défendrez au cours du débat avec l'examinateur.

Comme vous pouvez le constater, **la préparation (ou planification) de votre exposé est indispensable**. Vous devrez d'abord comprendre le problème posé par le document et ensuite, préparer vos idées en vue d'un exposé clair et argumenté.

L'objectif final de cette étape est de préparer un plan détaillé, sous forme de notes, que vous consulterez pendant votre exposé pour être sûr de ne rien oublier.

L'étape de préparation peut être divisée en 3 mouvements :

1. Analyser le sujet, pour dégager une problématique ;
2. Chercher des idées, pour développer votre opinion ;
3. Préparer un plan, pour organiser le déroulement de votre monologue.

1.1. Analyser le sujet

L'épreuve de production orale du DELF B2 commence en fait par... une compréhension écrite. Vous devez en effet lire un court article de presse. Mais comment le lire ?

L'article de presse sert à introduire le sujet du débat. La compréhension du document n'est pas votre but, c'est seulement un moyen. Sa lecture, qui doit être rapide, vous permettra :

— de relever des informations utiles pour l'introduction de votre exposé ;

— de relever des idées que vous pourrez utiliser dans votre argumentation.

— de dégager une problématique pour guider votre exposé ;

1. PRÉPARER LE MONOLOGUE

Autrement dit, vous devrez vous poser les 3 questions suivantes.

Quel est le problème ?

C'est **le sujet général** du document. Il est souvent exprimé dans le titre de l'article. Cela doit vous permettre de le dégager rapidement. Si vous ne comprenez pas le titre, pas de panique ! Vous avez encore la lecture du texte et en particulier du ou des mots-clés qui sont répétés. Essayez ensuite de reformuler mentalement ce problème avec vos propres mots : *ce texte évoque le problème de...*

Quelles sont les informations essentielles ?

Je recommande toujours à mes étudiants de repérer d'abord **le contexte de rédaction.** C'est une information utile pour l'argumentation, mais également une aide à la compréhension du texte. Par exemple, cet article a-t-il été écrit suite à la publication d'un rapport ou à un sondage, un événement ? etc. **La source** (auteur, journal, date) servira pour votre introduction. Dans certains cas, la date peut être utile pour situer des actions ou vos propres arguments. Par exemple, depuis l'écriture de cet article, le gouvernement a peut-être pris de nouvelles mesures. Enfin, vous pouvez relever des informations importantes pour votre recherche d'idées : des mesures prises, des solutions proposées, des exemples...

Quelle problématique choisir ?

C'est l'étape finale de votre analyse. Le monologue du DELF B2 est un exercice assez formel, avec une introduction, un développement et une conclusion. Vous avez donc besoin d'organiser votre argumentation par une **idée directrice**. C'est le rôle de la problématique. Je recommande de la **formuler sous forme de question.** Par exemple : *comment lutter contre le réchauffement climatique ?* Elle va guider votre recherche d'idées et la préparation de votre plan. Ne l'abandonnez pas au milieu de l'exposé ! **À la fin, vous devez avoir répondu clairement à cette question.**

> **Conseil**
>
> Pensez à formuler une **problématique** assez large, qui permet de traiter les aspects variés d'un sujet et surtout de confronter différentes opinions. Évitez les problématiques qui se limitent à un seul aspect d'un problème. Par exemple, une question avec *Pourquoi...* vous limite à un exposé technique sur les causes. N'oubliez pas que vous présentez une opinion, pas un exposé informatif !

Analyser le sujet

Activité 1

Relisez le sujet de la production guidée et répondez aux questions suivantes.

A. Le sujet général de l'article est :
   1. Le développement des MOOC
   2. Les avantages des MOOC
   3. Le développement des masters
   4. Les avantages des masters

B. Quelle définition des MOOC pouvez-vous trouver dans l'article ?

C. Quels sont les mots de l'article qui appartiennent au lexique universitaire ?

D. Essayez de reformuler le problème avec vos propres mots.

E. Quelle reformulation du problème vous semble la meilleure ?
   1. Les MOOC américains concurrencent les masters français.
   2. Le boom des MOOC s'explique par leurs certifications payantes.
   3. Les MOOC pourraient concurrencer les masters universitaires.
   4. Les étudiants pourront bientôt choisir entre un MOOC ou un master.

Activité 2

Repérez les informations essentielles dans l'article et répondez aux questions suivantes.

A. Le contexte de rédaction de l'article est :
   1. La sortie d'un nouveau MOOC
   2. La publication d'une thèse
   3. La rentrée universitaire
   4. La suppression des masters

1. PRÉPARER LE MONOLOGUE

B. Quels avantages des MOOC pouvez-vous relever dans l'article ?

C. Si les MOOC peuvent difficilement concurrencer les masters, c'est :
   1. parce qu'ils coûtent trop cher à produire.
   2. parce qu'ils coûtent trop cher à l'étudiant.
   3. parce que le niveau des cours est trop bas.
   4. pour toutes les raisons citées ci-dessus.

Activité 3

C'est le moment de passer à la problématique qui va guider votre exposé... Répondez aux questions suivantes.

A. Formulez votre problématique sous la forme d'une question.

B. Quelles problématiques vous semblent acceptables ? (Plusieurs réponses possibles)
   1. Faut-il interdire les MOOC à l'université ?
   2. Les MOOC peuvent-ils concurrencer les masters ?
   3. Comment réduire les coûts de production d'un MOOC ?
   4. Les MOOC peuvent-ils attribuer des diplômes ?
   5. Quels sont les avantages et les inconvénients d'un MOOC ?
   6. Quelles sont les raisons du succès des MOOC ?
   7. Comment améliorer la qualité des MOOC ?

1.2. Chercher des idées

30 minutes pour préparer un exposé, c'est court ! Parler pendant 10 minutes, c'est long ! Savoir trouver rapidement beaucoup d'idées est donc une capacité essentielle. Heureusement, **tout le monde est capable de trouver des idées.**

On ne répètera jamais assez que la créativité se travaille régulièrement. Pour avoir toujours des idées, il faut être curieux, observer ce que font les autres et prendre le temps de s'informer.

Mais c'est aussi une question de méthode. Les techniques de recherche d'idées sont variées. À vous d'adopter celles que vous préférez. **Le plus important, bien entendu, est de ne jamais oublier votre problématique.**

Voici 4 techniques qui ont prouvé leur efficacité :

— Partir des idées du texte

— Mobiliser son expérience personnelle

— Explorer les différents aspects

— Varier les points de vue

> **Conseil**
>
> À cette étape, il faut être très spontané. Notez très vite le maximum d'arguments avec leurs exemples. N'essayez pas encore de les classer. Vous le ferez à l'étape suivante (préparer un plan).

Voyons maintenant ces techniques de recherche d'idées dans le détail. Après la description de chaque technique, une activité vous permettra de la pratiquer immédiatement sur notre sujet de production guidée.

Technique 1 : Partir des idées du texte

Nous l'avons vu, vous commencez la préparation par la lecture d'un article de presse qui a pour but de poser le problème. Je rappelle que vous n'êtes pas obligé d'exploiter les informations dans le texte. Mais pourquoi ne pas emprunter des idées si elles sont intéressantes ?

En effet, vous pouvez les **développer**. Par exemple, si le document évoque les dangers d'une nouvelle technologie, essayez d'en trouver d'autres. Ou encore, si un texte propose des mesures contre un problème, vous pouvez en continuer la liste.

Mais vous pouvez également **critiquer** des idées du texte. Vous pouvez chercher des exemples pour **contredire** ou **relativiser** l'opinion de l'auteur. Par exemple, si un produit ou un service sont considérés de manière très négative, vous essaierez d'en montrer les aspects positifs.

Activité 1

Relisez l'article de notre production guidée. Essayez de développer et de critiquer certaines idées du texte. Voici quelques pistes pour vous aider, mais vous pouvez bien entendu chercher d'autres idées.

A. Un des avantages des MOOC évoqués est la flexibilité. Pouvez-vous l'expliquer et l'illustrer par des exemples précis ?

B. L'article évoque le problème des abandons massifs. Quelles en sont les causes selon vous ?

C. Les certifications sont présentées comme une mesure contre l'abandon. Est-ce vraiment efficace selon vous ?

D. Certains cours proposent des crédits ECTS. Quelles critiques pourriez-vous faire contre cette pratique ?

Technique 2 : mobiliser son expérience personnelle

Posez-vous des questions sur l'expérience personnelle que vous avez du sujet. Avez-vous déjà rencontré une situation identique ? Ou un membre de votre famille, un de vos amis ? Qu'est-ce que vous avez ressenti ? Quelle opinion en avez-vous gardée ? Pouvez-vous décrire un exemple concret ? Est-ce que la situation présente des différences dans votre pays ? **Cette dernière question est souvent posée par les examinateurs pendant l'entretien.**

Activité 2

Faites un point sur votre expérience des MOOC. Voici des exemples de questions que vous pouvez vous poser :

A. Les établissements (universités, écoles...) de votre pays proposent-ils des MOOC ?

Chercher des idées

B. Connaissez-vous des MOOC dans votre domaine universitaire ou professionnel ? Ont-ils une bonne réputation ? Pour quelles raisons ?

C. Avez-vous déjà suivi un MOOC ? Décrivez-le brièvement et exposez ses points forts et ses points faibles.

D. Si vous n'avez jamais suivi ce type de cours, aimeriez-vous le faire ? Pourquoi ?

Technique 3 : explorer les aspects

Un bon moyen d'élargir un sujet, c'est de **considérer un problème sous le maximum d'aspects**, que vous pourrez ensuite explorer en vous posant des questions. Par exemple :

— Aspect économique : quels coûts ?

— Aspect juridique : quelles lois ?

— Aspect politique : quelles décisions ?

— Aspect environnemental : quels risques de pollution ?

— Aspect éducatif : quelles mesures de prévention ?

Activité 3

Quels aspects d'un MOOC sont traités dans l'article ? Quels autres aspects sont possibles selon vous ? Posez au moins une question pour chacun des aspects que vous trouverez.

Technique 4 : varier les points de vue

Cette méthode est utile pour nuancer votre opinion et donc trouver plus de choses à dire. Identifiez les personnes concernées par un problème et imaginez-vous à leur place. Par exemple, pour un sujet relatif à l'éducation, quelle est l'opinion possible :

— des élèves ?

— des professeurs ?

— du directeur de l'école ?

— des parents ?

1. PRÉPARER LE MONOLOGUE

Activité 4

Quelles sont les motivations des établissements qui proposent des MOOC ? Quelles sont les motivations principales des étudiants qui les suivent ? Quelles autres personnes peuvent être concernées par ce type de cours selon vous ?

> **En bref**
>
> Chercher des idées, vous l'avez compris, c'est **se poser activement beaucoup de questions**, toutes les questions possibles. Vous avez une idée de solution ? Analysez-là : est-ce qu'elle coûte cher ? Est-ce que tout le monde va l'accepter ? De cette manière, vous trouverez toujours des choses à dire pendant les 20 longues minutes de l'examen.

1.3. Préparer un plan

Rappelons-le : on vous demande à l'examen d'exprimer *une opinion personnelle, claire et argumentée*. Il s'agit donc d'un exposé de type argumentatif, qui doit comprendre une introduction, un développement et une conclusion. Pour être clair, il est nécessaire de préparer un plan, c'est-à-dire **d'organiser la présentation des idées** que vous avez trouvées à l'étape précédente. Mais quels sont **les avantages d'un plan** concrètement ?

Pour les personnes qui vous écoutent, c'est **une aide à la compréhension**. Un exposé bien organisé est agréable à écouter et facile à suivre. On reconnaît rapidement les différentes parties, la conclusion, etc. On comprend sans difficulté votre opinion personnelle sur le sujet. Pour vous, c'est **une aide à la production**. Avec un plan, vous évitez les listes d'idées sans logique, les répétitions, les oublis. De plus, l'organisation des textes argumentatifs est toujours un peu la même en français. Vous pouvez apprendre des « modèles » de plans qui font gagner du temps le jour de l'examen.

> **Conseil**
> Rappelez-vous que c'est une épreuve de production orale. Préparer un plan n'est pas écrire un texte. Il est donc interdit de rédiger des phrases complètes pour les lire ensuite devant les examinateurs. Par conséquent, votre travail pendant l'étape de préparation est de **noter les arguments importants par des noms, directement en français**, pour bien les « visualiser » pendant que vous parlerez.

1.3.1. Quel plan choisir ?

N'oubliez pas : un exposé argumentatif a pour but de **convaincre** l'auditeur. Par conséquent, **évitez absolument les plans informatifs ou descriptifs** comme : I. Aspects économiques. II. Aspects politiques, etc. Le choix du plan argumentatif est libre, mais je vous propose de voir **2 modèles de plan efficaces** qui peuvent être utiles à apprendre :

1. Le plan dialectique : il est surtout efficace lorsque l'article de presse invite à prendre une position. Par exemple, *êtes-vous pour ou contre l'interdiction des voitures en centre-ville ?* C'est le plan que j'ai adopté pour le sujet concernant le télétravail, dans la section *Besoin d'un modèle ?*

2. Le plan par résolution de problème : il est particulièrement intéressant quand le document invite à analyser en détail un problème, surtout si c'est un phénomène incontestable. Par exemple : *comment lutter contre le réchauffement climatique ?* Il est clair qu'il ne s'agit pas d'être pour ou contre ce phénomène... mais de l'expliquer et de lui trouver des solutions.

Voyons maintenant la description de ces plans. Des activités vous permettront de les pratiquer immédiatement sur notre sujet de production guidée.

> **Définition du plan dialectique**
>
> Le plan dialectique consiste à opposer des opinions. Il comporte 2 ou 3 parties :
>
> I. *La thèse*, où on expose l'opinion que l'on veut contester.
>
> II. *L'antithèse*, où on développe des arguments contre la thèse.
>
> III. *La synthèse*, où on développe son point de vue personnel.
>
> Vous n'avez pas le temps de préparer les 3 parties ? Vous ne trouvez pas d'idées pour la synthèse ? Il est tout à fait possible de développer seulement la thèse et l'antithèse. Enfin, vous présentez très rapidement la synthèse de votre opinion personnelle dans la conclusion.

Activité 1

Nous avons posé dans la section *1.2. Chercher des idées* la problématique suivante : *Les MOOC peuvent-ils concurrencer les masters ?* Vous vous montrez **favorable** aux MOOC et vous pensez qu'ils pourront concurrencer les masters dans l'avenir.

Quel schéma de plan allez-vous choisir ? Le plan A, B, ou C ?

PLAN A

I. Argument 1, favorable aux MOOC.

II. Argument 2, favorable aux MOOC.

III. Argument 3, favorable aux MOOC.

PLAN B

I. Arguments favorables aux masters.

II. Arguments favorables aux MOOC.

III. Solutions pour améliorer les MOOC.

PLAN C

I. Arguments favorables aux MOOC.

II. Arguments favorables aux masters.

III. Arguments défavorables aux masters.

Préparer un plan

> **Définition : le plan par résolution de problème**
>
> Ce plan consiste à analyser un problème pour lui trouver des solutions. Il comporte 3 parties :
>
> I. *La situation*, où on décrit le phénomène et ses conséquences.
>
> II. *Les causes*, où on tente d'expliquer les raisons du problème.
>
> III. *Les solutions*, où on déduit des causes précédentes les moyens de lutter contre ce problème.
>
> *C'est l'ordre qui me semble le plus naturel. Toutefois, certains auteurs organisent autrement les parties : Causes - Conséquences - Solutions.*

Activité 2

Nous avons posé dans la section *1.2. Chercher des idées* la problématique suivante : comment améliorer la qualité des MOOC ?

Classez ces éléments dans le schéma de plan ci-dessous : Limites des MOOC, Coûts de production, Améliorer les programmes, L'essor des MOOC, Habitudes d'apprentissage, Partager les coûts entre universités.

I. Situation

    1. ...

    2. ...

II. Causes

    1. ...

    2. ...

III. Solutions

    1. ...

    2. ...

1.3.2. Comment organiser une partie ?

L'organisation d'une partie est assez libre, mais il faut toutefois respecter 2 règles :

1. Le nombre d'arguments : 2 ou 3. Si vous en avez 4 ou 5, c'est trop. Ce n'est plus une partie, c'est une liste ! Essayez de les regrouper, par aspects par exemple : aspects économiques, aspects politiques, etc.

2. L'ordre des arguments : du moins fort au plus fort. Gardez le meilleur pour la fin ! Bien sûr, pour certains arguments, cela peut dépendre des valeurs de chaque personne.

Activité 3

Vous ne pensez pas que les MOOC puissent concurrencer les masters. Voici une liste d'idées pour la deuxième partie de votre plan dialectique, où vous présentez les limites des MOOC. Pouvez-vous les regrouper en 2 arguments principaux ?

— Nombreux abandons.

— Enseignants non disponibles.

— Certificats sans valeur.

— Faible motivation des étudiants.

— Risques de fraude.

— Tests trop simples.

II. Limites des MOOC

    1. ...

    2. ...

Activité 4

Quels sont les 2 défauts de ce plan dialectique ?

I. Atouts des MOOC

    1. Essor des MOOC

    2. Offre de cours variée

    3. Certifications

II. Limites des MOOC

    1. Faible motivation des étudiants

    2. Pas d'accompagnement

    3. Pas de certificat

III. MOOC ET master : complémentarité ?

    1. MOOC = éducation pour tous

    2. Quelles stratégies complémentaires ?

Préparer un plan

Activité 5

Quels sont les défauts de ce plan par résolution de problème ?

I. Situation
1. Limites des MOOC
2. Développement des MOOC

II. Causes
1. Habitudes d'apprentissage
2. Coûts de production

III. Solutions
1. Améliorer les programmes
2. Former les enseignants

En bref

Préparer un plan, ce n'est pas écrire une liste avec toutes les idées que vous avez trouvées. Pour chaque partie de votre plan, sélectionnez 2 ou 3 arguments forts, avec leurs exemples, que vous prendrez le temps de développer pendant votre exposé.

1.4. Production guidée, étape 1

Maintenant, vous pouvez appliquer toutes ces techniques de planification sur le sujet de production guidée. Rappelons-le :

> **MOOC ou master ?**
>
> Les MOOC (acronyme de l'anglais *massive online open courses*), ces cours en ligne gratuits et ouverts à tous, ont connu un essor considérable ces cinq dernières années. Leur offre variée et leur flexibilité en feraient même des concurrents potentiels aux masters. Pour répondre au problème des abandons massifs, les MOOC mettent en place des attestations de suivi, voire des certificats payants. Certains cours offrent même la possibilité d'obtenir des crédits ECTS, que les étudiants pourront faire valoir dans leur cursus universitaire.
>
> Mais produire un MOOC coûte cher (50 000 euros environ), ce qui incite la plupart des établissements à cibler un public très large. Par conséquent, selon Mathieu Cisel, auteur d'une thèse récente sur le sujet, « *70 % des MOOC sont des cours introductifs* », qui ne sont pas en mesure de concurrencer les masters. Cependant, des universités américaines essaient actuellement de bâtir des cursus entiers, en séquençant une dizaine de cours.
>
> D'après Sophie Blitman, *Le Monde*, 26.01.2017

Activité

Préparez un plan détaillé de votre exposé, comprenant vos arguments et vos exemples. Attention, ce plan doit être sous forme de notes, et non pas de phrases rédigées.

1.5. Point stratégie

Des idées d'activités pour aller plus loin, en travaillant seul (en solo) ou avec un ami (en tandem).

En solo

S'informer. Pour avoir des idées le jour de l'examen, il est important de s'informer. Prenez le temps de lire la presse francophone et de regarder des journaux télévisés. Les examens du DELF B2 portent toujours sur des sujets d'actualité, pris dans une série de thèmes assez large. Voir *en annexe les thèmes essentiels du DELF B2* et les principaux médias francophones dans la liste des *liens utiles*.

Technique. Comment notez-vous votre plan ? Il est essentiel pour réussir à l'examen d'apprendre à noter brièvement des idées, directement en français, sans écrire de phrases complètes. Vous devez donc savoir utiliser des abréviations (par exemple développer = dév.) et savoir représenter votre plan sur une feuille. Vous préférez faire un schéma, une carte ? C'est important de trouver une technique qui vous convient. Les modèles de présentation des cartes conceptuelles, par exemple, peuvent vous donner des idées. *Voir la liste des outils en annexe.*

En tandem

Remue-méninges. Posez un problème du type : *pour ou contre les voitures électriques ?* Chaque membre du tandem note le maximum d'avantages et d'inconvénients des voitures électriques. Fixez une limite de temps (par exemple 3 minutes). Puis comparez et discutez pour garder en commun 3 avantages et 3 inconvénients. Enfin, cherchez ensemble des solutions aux inconvénients retenus.

Improvisations. Écrivez des problématiques du type *comment lutter contre...*, sur de petits morceaux de papier. Privilégiez les problématiques que vous pouvez rencontrer à l'examen. Par exemple : *comment lutter contre la pollution automobile ?* Un membre tire une carte au hasard et improvise 3 solutions à ce problème en temps limité. Puis les 2 membres discutent des avantages et des inconvénients de chaque solution. Enfin, choisissez la meilleure.

Cause perdue. Il s'agit de défendre quelque chose qui est très difficile à défendre ! Par exemple, le premier membre est pour la pollution. L'autre membre expose d'abord des arguments contre la pollution. Puis le premier essaie de contredire ces arguments et de présenter des avantages. Enfin, vous préparez ensemble un plan dialectique regroupant tous les arguments que vous avez échangés.

Et surtout, n'oubliez pas que vous pouvez demander des conseils sur le forum de ce livre.

2. Présenter le monologue

Votre plan est prêt ? Il est temps de présenter votre monologue devant les examinateurs...

Réussir la présentation d'un exposé nécessite **4 compétences principales :**

1. Introduire un exposé
2. Développer des arguments
3. Relier des arguments
4. Conclure un exposé

Vous pourrez pratiquer ces compétences sur le sujet de production guidée. Certaines activités vous aideront également à **développer votre aisance à l'oral.**

> **Conseil**
>
> Préparez un appareil pour vous enregistrer (smartphone, ordinateur, etc.). Vous en aurez besoin pour réaliser certaines activités. *Voir la liste des outils en annexe.*

2.1. Introduire un exposé

L'introduction joue un rôle essentiel pour la clarté de votre exposé. Elle va guider l'écoute de vos auditeurs.

Mais que doit contenir une introduction ? C'est facile à retenir : 3 P !

> **L'introduction en 3 P**
>
> **P pour présentation :** vous présentez très vite le document et annoncez le sujet.
>
> **P pour problématique :** vous posez, sous forme de question, la problématique qui va guider votre exposé.
>
> **P pour plan :** vous annoncez votre plan, c'est-à-dire l'organisation chronologique de votre exposé.

2. PRÉSENTER LE MONOLOGUE

Activité 1

Parmi ces conseils pour présenter une bonne introduction, deux sont mauvais. Lesquels ?

A. Citez la source de l'article.

B. Rédigez votre introduction.

C. Dites « je », pas « nous ».

D. Exposez votre opinion.

E. Résumez l'article de presse.

F. Ne lisez pas les phrases de l'article.

Activité 2

Associez ces phrases avec les étapes de l'introduction.

A. Cet article évoque le développement des MOOC ces 5 dernières années.

B. Je commencerai par exposer les atouts des MOOC.

C. L'auteur affirme que les MOOC pourraient concurrencer les masters.

D. Je montrerai dans un second temps qu'ils souffrent de limites pédagogiques.

E. Ceci m'amène à poser la question suivante :

F. Je développerai en dernier lieu des solutions sur le plan pédagogique.

Étapes de l'introduction

1. Présentation
2. Problématique
3. Plan

Activité 3

Remettez cette introduction dans l'ordre.

A. Je tenterai donc de répondre à la question suivante :

B. Dans un deuxième temps, j'exposerai leurs limites, par rapport aux masters, en termes de pédagogie et de certification.

C. Leurs atouts les mettraient au niveau des diplômes universitaires.

D. les MOOC pourraient-ils concurrencer les masters ?

E. Cet article, extrait du journal Le monde du 26.01.2017, évoque l'immense développement des MOOC depuis 5 ans.

F. Enfin, j'essaierai de prouver que ces deux modes de formation sont en réalité plus complémentaires que concurrentiels.

G. Dans un premier temps, j'analyserai leurs avantages indéniables en matière d'éducation.

Activité 4

À vous ! Entraînez-vous à présenter votre introduction, à partir du plan que vous avez préparé à l'étape 1.4. Enregistrez-vous et réécoutez pour vérifier votre production : avez-vous bien respecté les 3 P ? Avez-vous clairement annoncé le plan ? etc.

2.2. Développer des arguments

Après l'introduction, vous passez au développement, qui comprend 2 ou 3 parties selon les cas. Nous avons vu également que chaque partie doit contenir 2 ou 3 arguments principaux.

2.2.1. Qu'est-ce qu'un argument ?

L'examen oral consiste à exprimer un point de vue personnel. Tout le monde peut exprimer facilement un point de vue. Vous pouvez dire, par exemple : *je suis contre les MOOC*. Mais pour **convaincre** votre auditeur, il faut apporter des arguments qui appuient votre opinion. Reprenons l'exemple déjà vu dans la section *1.3. Préparer un plan*. Dans la 2e partie, qui expose la critique des MOOC, nous avons trouvé les 2 arguments principaux suivants :

— Manque d'accompagnement pédagogique

— Évaluation insuffisante

Le travail va donc consister maintenant à développer chaque argument principal par des arguments secondaires et des exemples.

> **Définition**
>
> Un **argument principal** est justifié par des arguments secondaires et des exemples bien choisis qui ont pour but de montrer la validité de l'argument principal. Ceci est très important : présenter un exposé argumentatif, ce n'est pas établir une simple liste d'avantages et d'inconvénients, ou encore annoncer une série de faits.

Activité 1

Observez cet argument et cherchez la bonne réponse aux questions ci-dessous.

« Par rapport aux masters, les MOOC présentent de graves limites pédagogiques. D'une part, la motivation des étudiants est souvent faible au démarrage. Ils s'inscrivent parce que des amis se sont inscrits... ou encore parce qu'un cours fait beaucoup parler de lui. Ce qui explique le grand nombre d'abandons. Les statistiques des cours nous apprennent généralement que 10 % seulement des inscrits terminent une formation. D'autre part, la gratuité des MOOC empêche de financer l'accompagnement des étudiants par des professeurs. En effet, l'activité la plus répandue est le quiz, qui ne demande pas d'intervention humaine. Lorsque des tâches plus complexes sont proposées, elles ne bénéficient pas d'une réelle correction. Par ailleurs, aucune aide individuelle n'est fournie et seuls des forums de questions/réponses sont disponibles. »

Développer des arguments

A. En général, on expose l'argument principal (2 réponses) :
    1. au début ✓
    2. au milieu
    3. à la fin ✓
    4. où on veut

B. L'argument principal ci-dessus comprend :
    1. un argument secondaire
    2. deux arguments secondaires ✓
    3. trois arguments secondaires
    4. quatre arguments secondaires

C. Quelle est la fonction de la phrase : « D'une part, la motivation des étudiants est souvent faible au démarrage. » C'est :
    1. un exemple
    2. un argument principal
    3. un argument secondaire ✓
    4. une phrase de transition

D. Quelle est la fonction de la phrase : « L'activité la plus répandue est le quiz, qui ne demande pas d'intervention humaine. » C'est :
    1. un exemple ✓
    2. un argument principal
    3. un argument secondaire
    4. une phrase de transition

Activité 2

Prenons maintenant le deuxième argument contre les MOOC : l'insuffisance de l'évaluation. Trouvez-lui 2 arguments secondaires et des exemples.

2.2.2. Quelques fonctions essentielles

Nous l'avons vu dans l'introduction de ce livre, traduire « dans sa tête » est une très mauvaise habitude. Quand on veut s'exprimer dans une langue étrangère, il faut réfléchir directement en français, à l'aide de fonctions. Par exemple, comment on exprime un point de vue en français ? On peut dire : *je pense que... ou je ne crois pas que...*

> **Définition**
>
> Une fonction est une action de langue précise, utilisée dans une situation de communication. Par exemple : demander l'heure à quelqu'un. À cette fonction correspondent des phrases modèles, c'est-à-dire d'utilisation fréquente : *auriez-vous l'heure, s'il vous plaît ?*

Les fonctions à connaître sont assez nombreuses au niveau B2 et vous les apprenez sans doute depuis longtemps. Il est impossible de les réviser toutes dans ce livre ! Nous verrons **quelques fonctions indispensables pour développer des arguments :**

— Exprimer un point de vue

— Exprimer la cause et la conséquence

— Formuler des solutions

— Raconter une expérience

Pour aller plus loin, vous pourrez consulter d'autres *fonctions essentielles présentées en annexe.*

EXPRIMER UN POINT DE VUE

Exprimer un point de vue, c'est-à-dire donner une opinion, est bien sûr indispensable à l'examen oral. Pensez à varier vos expressions pour montrer aux examinateurs que vous disposez d'un vocabulaire assez riche.

Activité 1

Faites rapidement le point sur vos connaissances. Prenez une feuille. Notez, pendant 1 minute, le maximum de mots ou expressions pour donner son opinion.

Développer des arguments

Activité 2

Remplacez les mots en italique par un ou plusieurs équivalents.

A. *À mon avis*, un cours gratuit ne peut pas être complet.

B. *Je pense que* les MOOC vont continuer à se développer.

C. *Personnellement*, je n'ai pas l'intention de suivre un MOOC.

D. Je suis *pour* la généralisation des cours en ligne à l'université.

E. Je *crois que* les masters n'ont pas à s'inquiéter de la concurrence.

Activité 3

Indicatif ou subjonctif ? Transformez ces phrases à la forme négative.

A. Je pense que les étudiants veulent changer de méthode pédagogique.

B. J'ai l'impression que les MOOC ont de l'avenir.

C. Il me semble que les abandons sont nombreux.

D. Je trouve que les MOOC font beaucoup parler d'eux pour rien.

Indicatif ou subjonctif ?

Attention, la plupart des verbes d'opinion sont suivis de l'indicatif à la forme affirmative, mais du subjonctif à la forme négative.

Par exemple : *je crois qu'il vient / je ne crois pas qu'il vienne.*

Activité 4

Variez les formulations de cette phrase à l'oral : je pense que les MOOC pourraient remplacer les masters.

Ne préparez surtout pas les phrases à l'écrit ! Enregistrez-vous quand vous parlez. Puis réécoutez pour vérifier si vos phrases sont correctes.

Activité 5

Répondez à la question suivante : que pensez-vous des cours en ligne en général ? Ne préparez surtout pas les phrases à l'écrit ! Enregistrez-vous quand vous parlez. Puis réécoutez pour vérifier si vos phrases sont correctes.

2. PRÉSENTER LE MONOLOGUE

RACONTER UNE EXPÉRIENCE

Parler de son expérience personnelle au cours d'un exposé est souvent une bonne stratégie. Un bon exemple vécu et bien raconté va enrichir un argument et le rendre beaucoup plus convaincant.

Mais d'abord, **comment l'introduire pendant votre exposé ?**

Activité 6

Observez ces expressions. Lesquelles peuvent introduire une expérience personnelle (plusieurs réponses) ?

A. Pour prendre un exemple personnel...

B. Par exemple...

C. En ce qui me concerne...

D. Passons à présent...

E. Je me souviens...

F. Prenons le cas de...

G. Je veux dire par là que...

H. Cela me rappelle...

I. Pour ma part...

Activité 7

Vos exemples personnels peuvent être actuels. Mais dans certains cas, vous aurez besoin de raconter une expérience passée. Il faudra alors utiliser des **repères temporels** pour situer le moment de votre expérience.

Complétez les exemples suivants par des expressions de temps ou de durée, par exemple : « en 2015... » Pour certaines phrases, plusieurs réponses sont possibles.

A. Je me souviens, ... 35 ans, j'ai voulu reprendre des études. Mais ce n'était pas simple ...., car je travaillais à plein temps.

B. .... 2 ans, j'ai suivi un MOOC sur la gestion de projet. J'aimais beaucoup .... il y avait des conférences en direct, mais le reste du temps, c'était plutôt ennuyeux.

C. Cela me rappelle .... j'ai suivi mon master à distance. Les cours en ligne n'étaient pas très évolués ....

D. Je me rappelle, la première fois que j'ai suivi un cours en ligne, ... 2012.

Développer des arguments

J'avais obtenu mon master l'année .... C'était vraiment difficile et .... du test final, on n'était plus que 10 % des inscrits !

Activité 8

Vous aurez également besoin de **maîtriser les temps du passé** pour raconter vos expériences. C'est le moment de faire le point !

Racontez cette expérience au passé en mettant les verbes entre parenthèses au passé composé, à l'imparfait, au plus-que-parfait, au conditionnel passé ou à l'infinitif passé.

Pour prendre un exemple personnel, quand je (avoir) 31 ans, je (reprendre) des études. Je (avoir) décroché un nouveau poste l'année précédente et mon travail (être) très prenant. Par conséquent, je (choisir) de suivre des cours en ligne. Je (préférer) trouver des cours gratuits, mais les MOOC ne (exister) pas encore à cette époque-là et je (devoir) m'inscrire à un cursus payant. Mais je ne le regrette pas. Après (obtenir) mon diplôme, (réussir) à trouver un meilleur poste !

Activité 9

À vous ! Racontez une expérience personnelle concernant les MOOC (ou un autre sujet de votre choix...). Vous pouvez prendre quelques notes, mais n'écrivez surtout pas de phrases complètes ! Enregistrez-vous quand vous parlez puis réécoutez pour vérifier :

— l'introduction de votre exemple ;

— les indicateurs temporels ;

— l'utilisation des temps du passé.

CAUSES ET CONSÉQUENCES

Vous aurez souvent besoin d'exprimer des causes et des conséquences pour développer vos arguments, par exemple dans le cas d'une résolution de problème. Vous savez exprimer des causes et des conséquences en français depuis longtemps, au moins avec des mots simples comme *parce que* ou *donc*. Mais il existe également des verbes permettant d'expliquer des faits avec précision, qu'il est indispensable de connaître au niveau B2.

Mais qu'est-ce qu'on entend par *verbes de cause et verbe de conséquence* ? Il faut faire attention à bien les distinguer. C'est avant tout une question de point de vue. Prenons :

— une cause : un accident de la route

— un effet : un embouteillage

2. PRÉSENTER LE MONOLOGUE

Je peux relier ces 2 faits de 2 manières différentes selon le point de vue que j'adopte :

— *De l'effet vers la cause* : l'embouteillage est dû à un accident de la route.

— *De la cause vers l'effet* : un accident de la route a entraîné un embouteillage.

Autrement dit, **le premier verbe introduit une cause et le deuxième verbe introduit une conséquence.**

Activité 10

Observez ces phrases. Classez chaque verbe dans le tableau selon qu'il introduit une cause ou une conséquence. Puis mettez chaque verbe à l'infinitif et indiquez sa construction, comme dans l'exemple.

A. Les politiques en faveur de la formation continue favorisent le développement des MOOC.

B. Le développement des MOOC s'explique par la soif d'apprendre du grand public.

C. Les cours en ligne permettent de se former où on veut, quand on veut.

D. Le manque de motivation est responsable des abandons.

E. La concurrence des MOOC affectera de plus en plus les formations à l'université.

F. Les abandons ont pour origine l'absence de contrainte.

G. Le succès des cours en ligne découle de leur flexibilité.

H. La production de leçons multimédia entraîne des coûts importants.

I. L'absence de contrôle aux évaluations facilite le plagiat.

J. L'attrait des masters universitaires est dû à la valeur des diplômes sur le marché du travail.

Cause	*Avoir pour origine + nom ;*
Conséquence	

Activité 11

Comment expliquez-vous le succès des masters ? Formulez oralement 3 causes en utilisant 3 verbes différents.

Développer des arguments

Activité 12

Les verbes de conséquence sont plus intéressants pour le jeu qu'ils autorisent avec la connotation. En effet, en plus d'exposer une conséquence, **vous pouvez préciser si l'action du verbe est positive ou négative.**

Repérez les expressions de la conséquence dans ces phrases. Puis classez-les dans le tableau. Mettez chaque verbe à l'infinitif et indiquez sa construction, comme dans l'exemple.

A. Le succès des MOOC provoque l'inquiétude des professeurs d'université.

B. Les cours en ligne contribuent largement à l'éducation pour tous.

C. Un bon accompagnement pédagogique a pour effet de réduire les abandons.

D. Dans mon université, la création d'un MOOC a déclenché un vrai scandale.

E. L'obtention d'un master permet de trouver plus facilement un emploi.

F. C'est le succès des MOOC aux États-Unis qui est à l'origine de leur développement en France.

Valeurs	Verbes
Positif	
Neutre	*Avoir pour conséquence de + infinitif ;*
Négatif	

Pour aller plus loin, vous pouvez également compléter les catégories avec les verbes vus dans l'activité 9, mais aussi d'autres verbes que vous connaissez.

Activité 13

Que se passera-t-il si les MOOC arrivent à concurrencer les masters ? Formulez oralement une suite de conséquences en utilisant des verbes différents. Par exemple, A entraîne B, B provoque C, C contribue à D, etc.

2. PRÉSENTER LE MONOLOGUE

FORMULER DES SOLUTIONS

Vous aurez souvent besoin de proposer des solutions, en particulier dans le cas d'une résolution de problème.

Attention ! Les solutions trop générales ne peuvent pas convaincre. **Essayez toujours d'être précis dans l'exposé d'une solution** : décrivez-là, analysez ses limites, imaginez éventuellement ses difficultés d'application, etc. Comme cela, vous aurez toujours des choses à dire toute la durée de votre exposé.

Activité 14

Observez ces phrases. Lesquelles ne peuvent pas proposer une solution ?

A. Et si on limitait le nombre d'étudiants inscrits dans les MOOC ?

B. La valeur du diplôme pourrait expliquer le succès des masters.

C. Pourquoi ne pas sélectionner les étudiants à l'entrée d'un MOOC ?

D. La gratuité des masters serait une mesure totalement inefficace.

E. Il suffirait d'installer un dispositif de surveillance des examens.

F. Je préconiserais d'améliorer l'accompagnement pédagogique.

G. On pourrait séquencer des cours pour proposer un cursus entier.

Activité 15

Observez les phrases de l'activité 13. À quel mode et à quel temps la plupart des verbes sont-ils conjugués ? Pourquoi ?

Activité 16

Attention aux constructions... et au sens ! Reliez les 2 parties de chaque phrase.

A. Il serait intéressant...

B. Une meilleure pédagogie serait...

C. Une complémentarité entre MOOC et masters reste...

D. Il faudrait...

E. Et si les universités...

Développer des arguments

1. ... une mesure décisive pour l'assiduité aux MOOC.
2. ... d'analyser les motivations des étudiants.
3. ... rendaient les cours en ligne obligatoires ?
4. ... la meilleure solution pour l'avenir, selon moi.
5. ... former les enseignants à la pédagogie en ligne.

Activité 17

Nous avons vu que beaucoup d'étudiants ne finissent pas les MOOC. Quelles solutions pourriez-vous proposer à ce problème d'abandon ? Formulez oralement le maximum de solutions en variant les constructions de phrases. Enregistrez-vous et vérifiez que vous employez des expressions correctes.

2.3. Relier des arguments

Vous avez vu que pour présenter un exposé clair et argumenté, vous avez besoin d'organiser vos idées avec un plan. Mais ce n'est pas suffisant. Il faut également **montrer le lien entre vos idées** pour faciliter l'écoute de votre exposé.

Pour rendre une argumentation plus claire, il convient donc d'utiliser :

1. des phrases de transition pour bien montrer l'enchaînement des parties de votre exposé, par exemple : *passons maintenant aux solutions*.

2. des connecteurs énumératifs pour bien montrer l'enchaînement des arguments, par exemple : *de plus*.

3. des connecteurs logiques pour bien montrer les liens entre les idées comme la conséquence, par exemple : *c'est pourquoi*.

2.3.1. Faire des transitions

Il est indispensable, à l'oral, d'aider les auditeurs à se repérer dans votre présentation. Pour cela, vous avez déjà annoncé le plan dans votre introduction, c'est bien, mais il faut encore **ajouter des transitions pour marquer le passage entre les parties.**

Activité 1

Quelles phrases peuvent servir de transition dans un exposé ?

A. Passons maintenant à l'antithèse.

B. Considérons maintenant les causes de ce problème.

C. Voyons donc à présent ses inconvénients.

D. Cela nous amène à considérer ses avantages.

E. Je montrerai dans un premier temps ses avantages.

F. Je vais prendre un exemple personnel.

Activité 2

Complétez les phrases suivantes.

A. Après avoir analysé les causes, considérons maintenant les ....

B. Voyons maintenant l' ………. juridique de ce problème.

C. Nous le voyons, ses faiblesses sont nombreuses, mais abordons maintenant ses ……….

D. Malgré leurs inconvénients, les cours en ligne offrent de nombreux ……….

E. Après avoir décrit la situation, essayons d'identifier ses ……….

Activité 3

Pensez à varier les formulations avec des verbes riches ! Quels synonymes pouvez-vous utiliser à la place du verbe voir et du verbe passer dans une phrase de transition ?

2.3.2. Les connecteurs énumératifs

Reprenons cet exemple d'introduction :

Cet article extrait du journal Le monde du 26.01.2017 évoque l'immense développement des MOOC depuis 5 ans. Leurs atouts les mettraient au niveau des diplômes universitaires. Je tenterai donc de répondre à la question suivante : les MOOC pourraient-ils concurrencer les masters ? **Dans un premier temps**, *j'analyserai leurs avantages indéniables en matière d'éducation.* **Dans un deuxième temps**, *j'exposerai leurs limites, par rapport aux masters, en termes de pédagogie et de certification.* **Enfin**, *j'essaierai de prouver que ces deux modes de formation sont en réalité plus complémentaires que concurrentiels.*

Vous pouvez remarquer, pour l'annonce du plan, **une progression en 3 temps** avec :

1. un connecteur en position initiale : *Tout d'abord* ;
2. un connecteur en position médiane : *Ensuite* ;
3. un connecteur en position finale : *Enfin*.

Ces connecteurs, dits *énumératifs*, sont très utiles pour marquer la progression des idées.

Attention !
Attention à la confusion fréquente entre *enfin* et *en définitive*.
Enfin marque le dernier argument d'une série.
En définitive marque la conclusion d'une argumentation.

2. PRÉSENTER LE MONOLOGUE

Activité 1

Groupez ces connecteurs pour marquer une progression en 2 ou 3 temps : de même, enfin, par ailleurs, d'une part, en second lieu, pour terminer, de plus, en outre, tout d'abord, dans un premier temps, d'autre part, ensuite, en premier lieu.

Par exemple (en 3 temps) : *tout d'abord / ensuite / enfin*

Activité 2

Complétez par des connecteurs énumératifs.

A. Le succès des MOOC peut s'expliquer, ... par leur flexibilité et ...., par le besoin du public de se former toute la vie.

B. Qu'est-ce qui distingue un MOOC d'un cours en ligne classique ? ...., il est ouvert à tous. ...., il accueille beaucoup d'étudiants. .... il est gratuit.

C. Les MOOC vont sans doute changer dans un avenir proche. ...., les masters devront s'adapter aux évolutions de la société.

D. Je suis tout à fait favorable au développement des cours en ligne massifs. Le .... avantage, c'est qu'ils permettent d'étudier où on veut. Le .... avantage, c'est qu'ils proposent des certificats qui peuvent aider à trouver un emploi.

2.3.3. Les connecteurs logiques

Les connecteurs logiques sont utiles pour **bien marquer la relation entre 2 idées**. Ils sont nombreux, mais au DELF B2, vous avez seulement besoin de connaître les connecteurs essentiels pour l'argumentation. Voyons lesquels.

Activité 1

Repérez les connecteurs logiques dans ces phrases et classez-les dans le tableau.

A. Les masters sont très sélectifs. En revanche, les MOOC sont ouverts à tous.

B. Les diplômes de niveau BAC + 5, comme le master, sont très demandés sur le marché du travail.

C. Les étudiants préfèrent les diplômes officiels. C'est pourquoi ils préfèrent les MOOC qui délivrent des crédits ECTS.

D. On dit les MOOC ouverts à tout le monde. Pourtant, certains programmes sont difficiles à suivre.

Relier des arguments

E. Les MOOC rencontrent une contradiction. En effet, comment délivrer un vrai diplôme sans sélectionner à l'entrée ?

Opposition	
Restriction	
Explication	
Conséquence	
Exemple	

Pour aller plus loin, ajoutez aux catégories ci-dessus d'autres mots que vous connaissez.

Activité 2

Complétez avec les connecteurs logiques qui conviennent.

A. Dans le futur, les MOOC et les masters devront être complémentaires, ... ils répondent à des besoins très différents.

B. Si les abandons aux MOOCS sont dus au manque de contrainte, il faudrait .... sélectionner davantage à l'entrée.

C. Le succès des MOOC serait dû à leur innovation sur le plan pédagogique. ...., leurs programmes sont très classiques.

D. La plupart des certificats n'ont pas de valeur autre que symbolique. .... un cours .... le MOOC *Gestion de projet* délivre des crédits ECTS. .... il peut s'intégrer dans un cursus classique.

E. Les cours en ligne offrent de nombreux avantages. .... ils ne peuvent pas convenir à tout le monde.

Activité 3

Cherchez dans cet extrait d'exposé les connecteurs, énumératifs et argumentatifs, qui ne sont pas corrects. Essayez de les remplacer par les connecteurs qui conviennent.

« Venons-en à présent aux avantages des cours en ligne ouverts à tous. En ce qui concerne les universités tout d'abord, cela constitue un excellent moyen de promouvoir leurs cursus. En fait, les MOOC permettent d'attirer un nombre considérable d'étudiants. Par conséquent, ils constituent un excellent moyen de tester de nouvelles formations ou de nouvelles méthodes pédagogiques, comme la réalisation de projets collectifs à distance.

Pour les étudiants en dernier lieu, ces cours en ligne, grâce à la gratuité, offrent une solution économique afin de développer leurs compétences. De plus, leur flexibilité les rend très accessibles, y compris pour les personnes qui travaillent. En effet, cette liberté donnée aux inscrits peut aussi poser problème, car tous n'ont pas la discipline nécessaire pour terminer le cours. Tel, le nombre d'abandons est très élevé, jusqu'à 90 % pour certaines formations.

Quant aux entreprises, certaines verraient dans ce type de cours une solution efficace pour former les salariés sur leur lieu de travail. En revanche, on peut constater une augmentation des investissements. Tel est le cas en particulier des formations en marketing ou en gestion de projet. De ce fait, les partenariats avec les universités ont encore du mal à se développer. »

2.4. Conclure un exposé

Une fois terminé le développement de vos 3 parties, c'est le moment de conclure. **Ne négligez surtout pas la conclusion**, car c'est la dernière impression que vous laisserez aux examinateurs. Elle doit être bonne !

Activité 1

Testez vos connaissances : choisissez les bonnes réponses.

A. Quelles sont les 2 fonctions essentielles d'une conclusion ?

1. Apporter des arguments supplémentaires
2. Répéter les arguments importants
3. Récapituler les arguments principaux ✓
4. Poser une question aux auditeurs
5. Corriger les arguments précédents
6. Résumer son opinion générale ✓

B. Quels connecteurs peuvent commencer une conclusion ? (Plusieurs réponses possibles)

1. Enfin
2. En résumé
3. Finalement
4. Pour conclure
5. En d'autres termes
6. En définitive

Activité 2

Voici, dans le désordre, la conclusion d'un exposé dialectique. Remettez-la dans l'ordre.

A. Finalement, ils ne s'opposent pas aux diplômes universitaires et ils ne doivent pas essayer de les concurrencer à mon avis.

B. Mais j'ai montré, au-delà de ces limites, que c'est surtout leur ouverture qui les différencie des formations classiques.

C. Je vous remercie de votre attention.

D. En définitive, malgré leurs nombreux atouts, je ne pense pas que les MOOC puissent concurrencer les masters.

E. Ils connaissent en effet trop de limites pédagogiques, comme le manque d'accompagnement, qui ne leur permettent pas de rivaliser.

F. Ils doivent plutôt les compléter en proposant une flexibilité que les autres ne peuvent pas offrir.

G. C'est, en effet, de permettre à tout le monde de s'informer où il veut, quand il veut et en fonction de ses besoins, que découlera le succès de ces cours.

> **Conseil**
>
> Attention avec quelle phrase vous terminez votre exposé. Évitez un « c'est tout ! » qui dévalorise votre travail. Terminez plutôt par « merci de votre attention ». Classique, mais efficace !

Activité 3

À vous ! Entraînez-vous à présenter oralement votre conclusion, à partir du plan que vous avez préparé dans la section 1.4. Enregistrez-vous et réécoutez pour vérifier votre production. Avez-vous bien résumé votre opinion ? Avez-vous résumé vos principaux arguments ? Surtout, n'écrivez pas votre conclusion avant. Il est nécessaire de vous entraîner directement à l'oral.

> **En bref**
>
> Une conclusion se fait en 2 temps :
>
> 1. Le résumé de votre opinion sur le problème. Cela signifie qu'il faut répondre à la problématique qui a été posée dans l'introduction.
>
> 2. La récapitulation rapide des arguments principaux des 2 ou 3 parties du développement. Attention, il faut reformuler vos idées. Évitez de répéter les mêmes phrases.

2.5. Production guidée, étape 2

Maintenant, vous pouvez vous entraîner à présenter **un monologue complet**, avec le sujet de production guidée. Rappelons-le :

> **MOOC ou master ?**
>
> Les MOOC (acronyme de l'anglais *massive online open courses*), ces cours en ligne gratuits et ouverts à tous, ont connu un essor considérable ces cinq dernières années. Leur offre variée et leur flexibilité en feraient même des concurrents potentiels aux masters. Pour répondre au problème des abandons massifs, les MOOC mettent en place des attestations de suivi, voire des certificats payants. Certains cours offrent même la possibilité d'obtenir des crédits ECTS, que les étudiants pourront faire valoir dans leur cursus universitaire.
>
> Mais produire un MOOC coûte cher (50 000 euros environ), ce qui incite la plupart des établissements à cibler un public très large. Par conséquent, selon Mathieu Cisel, auteur d'une thèse récente sur le sujet, « *70 % des MOOC sont des cours introductifs* », qui ne sont pas en mesure de concurrencer les masters. Cependant, des universités américaines essaient actuellement de bâtir des cursus entiers, en séquençant une dizaine de cours.
>
> D'après Sophie Blitman, Le Monde, 26.01.2017

Activité

1. Reprenez le plan de votre exposé que vous avez préparé dans le chapitre 1. Planifier. Surtout, ne rédigez pas le texte de votre exposé. Il faut absolument vous entraîner à parler avec des notes, dans les conditions de l'examen. Toutefois, vous pouvez préparer à l'aide d'un dictionnaire les mots dont vous aurez besoin.

2. Entraînez-vous à présenter votre exposé complet (introduction — développement — conclusion) en vous enregistrant (sur votre smartphone ou votre ordinateur). Vous pouvez recommencer autant de fois que vous le souhaitez. Pensez à chronométrer votre exposé qui doit durer environ 10 minutes.

3. Conservez votre enregistrement. Vous en aurez besoin dans le chapitre 3. Contrôler sa production.

2.6. Point stratégie

Des idées d'activités pour aller plus loin, en travaillant seul (en solo) ou avec un ami (en tandem).

En solo

Faire le point. Que faut-il savoir dire pour développer des arguments avec aisance ? Pour compléter les activités que vous avez réalisées dans la section 2.2. *Développer des arguments*, consultez *les fonctions essentielles en annexe*. Vérifiez ce que vous connaissez déjà. Vous pouvez chercher un autre exemple pour chaque fonction. Identifiez ce que vous ne connaissez pas encore et fixez-vous des objectifs de travail.

Écoute écoute ! Plus vous écoutez du français, mieux vous parlerez ! Vous pouvez alterner écoute pour le plaisir et écoute sérieuse. Pour le plaisir, écoutez des chansons, des émissions de radio sur des sujets qui vous intéressent ou encore regardez des films. Mais prévoyez aussi des écoutes avec des objectifs de préparation précis. Par exemple, écoutez des émissions de débat et notez comment on exprime son opinion, quels connecteurs on utilise le plus souvent, etc. Consultez *en annexe la liste de liens utiles* pour trouver des documents intéressants. Et comme toujours, la clef du succès, c'est d'être régulier : 10 minutes par jour, c'est mieux qu'une heure une fois par semaine.

Parler avec des notes. Répétons-le : vous n'avez pas le droit (ni le temps) d'écrire le texte de votre exposé pour le lire devant les examinateurs. Vous devez absolument apprendre à utiliser un plan, qui contient vos arguments et vos exemples sous forme de mots-clés. C'est à partir de ces mots que vous construirez des phrases directement à l'oral. Tout le monde peut le faire, c'est seulement une question d'entraînement ! Si vous n'avez pas l'habitude, essayez de le faire progressivement. Au début, vous rédigerez certains passages comme l'introduction, les phrases de transition, etc. Petit à petit, réduisez la rédaction... Vous verrez, avec l'habitude, cela deviendra beaucoup plus facile !

Parler tout seul ! Non, l'oral ne doit pas obligatoirement se travailler par 2. Travailler seul permet de développer son aisance sans stress. Il y a 2 manières complémentaires. La première c'est de se parler *mentalement* (dans sa tête). L'avantage est que vous pouvez pratiquer partout. Vous pouvez par exemple vous entraîner à exprimer votre opinion sur un sujet de votre choix (ou après la lecture d'un article de presse). Cela vous permettra de mieux mémoriser le vocabulaire et de repérer ce que vous avez encore besoin d'apprendre. La deuxième manière est de parler *à voix haute*. Le monologue du DELF B2 peut très bien se pratiquer tout seul. Entraînez-vous, par exemple, à parler de plus en plus vite et à varier vos intonations pour que vos exposés soient agréables à écouter.

Comment utiliser un dictionnaire ? Pendant une activité de production orale, il faut rester concentré sur les idées que vous voulez communiquer. Ne vous

Point stratégie

arrêtez pas pour consulter un dictionnaire. Alors, quand l'utiliser ? Avant l'exposé, pendant la recherche d'idées par exemple, si vous êtes certain de manquer du vocabulaire nécessaire. Après l'exposé, pour vérifier les mots qui vous ont posé des difficultés. Pour cela, vous pouvez avoir besoin d'un dictionnaire bilingue. Lequel choisir ? 3 critères sont importants : est-ce qu'il indique les catégories grammaticales (nom, adjectif, etc.) ? Est-ce qu'il donne des exemples d'utilisation des mots ? Est-ce qu'il permet d'écouter la prononciation des mots ? Sur Internet, vous trouverez de bons dictionnaires, gratuits et disponibles en plusieurs langues, comme Word Reference. Pour d'autres exemples, *voir les liens utiles en annexe.*

En tandem

Besoin d'un répétiteur ? Si vraiment vous n'aimez pas l'idée de parler seul à haute voix, vous pouvez demander à un ami d'écouter votre exposé. Mais surtout, demandez-lui de ne pas vous interrompre pour poser une question ou corriger une erreur. Il est important de vous entraîner à monologuer sans pause pendant un temps assez long (10 minutes environ, je le rappelle). En revanche, votre ami peut très bien vous poser des questions après l'exposé, pour demander des explications supplémentaires par exemple. Pour des activités de correction par 2, *voir le chapitre 3. Contrôler sa production.*

Petits débats entre amis. Un bon moyen de développer votre aisance à l'oral, c'est d'organiser des débats avec un ou plusieurs amis. Prenez un sujet qui vous intéresse et essayez de parler le plus naturellement possible. C'est aussi une excellente occasion de réutiliser des mots ou des fonctions que vous avez appris récemment pour faciliter leur mémorisation.

Et surtout, n'oubliez pas que vous pouvez demander des conseils sur le forum de ce livre.

3. Contrôler sa production

Contrairement à une production écrite, que vous pouvez relire, une production orale *en direct* ne peut pas être révisée. Ce qui est dit est dit et vous ne pouvez plus le changer ! Il est donc très important d'apprendre à se contrôler pour éviter de faire des erreurs.

En effet, **comment procède un bon candidat ?**

Il sait que parler c'est avant tout communiquer. Il sait que l'épreuve orale du DELF n'est pas un exercice de grammaire et qu'on attend de lui de maîtriser des techniques de communication. Le bon candidat a non seulement appris à faire un bon exposé (voir les chapitres 1 et 2), mais aussi à évaluer lui-même son application des techniques.

Le bon candidat s'écoute quand il parle et reste attentif aux erreurs de langue qu'il peut commettre. Autrement dit, **il n'attend pas tout le temps que le professeur le corrige**. Cette capacité à se corriger devient indispensable à partir du niveau B2.

Tout ceci, comme d'habitude, est une question d'entraînement. Pour vous entraîner à développer votre contrôle, je vous propose de voir :

1. Comment les correcteurs du DELF B2 évaluent une production orale. Comment obtient-on une bonne note ?

2. Comment critiquer le **contenu** d'un exposé. Quels sont les points importants à vérifier ?

3. Comment corriger vos problèmes de **langue**. Quelles sont vos erreurs les plus fréquentes en français ?

3.1. Quels sont les critères d'évaluation ?

Les examinateurs du DELF n'évaluent pas les productions orales comme ils le veulent. Ils doivent utiliser une **grille d'évaluation** avec des critères précis.

Cette grille contient un vocabulaire très spécialisé et il peut être difficile à comprendre par un candidat. C'est pourquoi je vous propose ces listes plus simples, qui vous expliquent en détail **les critères d'évaluation**, c'est-à-dire les éléments que les examinateurs observent pour vous donner une note.

Les deux premières listes concernent le **contenu**, c'est-à-dire les techniques d'argumentation, pour l'exposé (monologue suivi) d'abord, l'entretien (débat) ensuite. La troisième concerne la **forme**, c'est-à-dire la langue : vocabulaire, grammaire et phonétique.

Nous verrons la préparation à l'entretien dans *le chapitre 4*. Mais je vous donne déjà ses critères d'évaluation pour que vous ayez une grille complète.

ÉVALUATION DU CONTENU — monologue

Dégager le thème de réflexion et introduire le débat (1.5 point)

— Comprendre le problème évoqué dans le document.

— Reformuler les informations principales du document.

— Formuler une problématique claire et pertinente.

— Annoncer clairement le plan du monologue.

Présenter un point de vue (3 points)

— Exprimer clairement une opinion générale.

— Sélectionner des arguments pertinents.

— Développer des arguments de manière détaillée.

— Illustrer ses arguments par des faits et des exemples précis.

Marquer clairement les relations entre les idées (2.5 points)

— Marquer les différentes parties du monologue par des transitions.

— Enchaîner des arguments logiquement et sans répétition.

— Relier des arguments par des connecteurs assez variés.

ÉVALUATION DU CONTENU — débat

Confirmer et nuancer ses idées (3 points)

— Reformuler des arguments.

— Apporter des précisions.

Réagir aux arguments (3 points)

— Marquer son accord ou son désaccord.

— Défendre un point de vue avec spontanéité et précision.

Quels sont les critères d'évaluation ?

ÉVALUATION DE LA FORME

Lexique (4 points)

— Utiliser un vocabulaire assez précis en lien avec le sujet, même si des erreurs sont permises.

— Eviter les répétitions.

Morphosyntaxe (5 points)

— Respecter les règles de grammaire courante, même si des erreurs sont tolérées quand elles ne gênent pas la compréhension.

— Former des phrases complexes.

— Se corriger.

Maîtrise du système phonologique (3 points)

— Se faire comprendre sans difficulté.

— Varier ses intonations.

Conseil

Comme vous pouvez le constater, le contenu compte pour 13 points sur un total de 25 points. L'épreuve orale n'est pas seulement un problème de grammaire et de vocabulaire. N'oubliez pas que c'est avant tout **une activité de communication !**

3.2. Contrôler le contenu

Par où commencer ? Bien sûr, il va être très difficile pour vous de noter vos productions orales, même avec une grille d'évaluation. C'est un travail d'examinateur, pas de candidat ! Mais tout de même, vous pouvez vous entraîner à contrôler votre production :

— en vous constituant des listes de vérification des points importants : *qu'est-ce qu'il faut faire dans une conclusion ?*

— en écoutant vos enregistrements avec des objectifs précis : *est-ce que j'ai respecté la règle des 3 P dans mon introduction ?*

Après plusieurs activités de ce type, vous aurez mémorisé les techniques du monologue et vous aurez pris l'habitude de contrôler vos productions en temps réel, c'est-à-dire pendant que vous parlez.

Mais comme il peut être difficile d'écouter ses propres erreurs, je vous propose de commencer par analyser la production d'un autre candidat. Ensuite, vous pourrez faire le même travail avec vos exposés. Dans ce chapitre, nous continuerons à travailler à partir du sujet de production guidée.

Pour **télécharger les documents audio**, rendez-vous sur cette page :

communfrancais.com/ressources/production-orale-delf-b2/

Activité 1

Que faut-il faire pour réussir une introduction ? Faites la liste des points importants à ne pas oublier.

Activité 2

Vous allez écouter l'introduction d'un exposé. À l'aide de la liste établie à l'activité 1, repérer les points forts et les points faibles de cette introduction. **Écoutez le document 2.**

Contrôler le contenu

Activité 3

Vous allez écouter maintenant tout le monologue de notre candidate. Listez les points forts et les points faibles de son développement, selon les critères d'évaluation ci-dessous. Attention de bien rester concentré sur le contenu. Ne vous occupez pas pour le moment des problèmes de langue. **Écoutez le document 3.**

1. Présenter un point de vue...

A. Exprimer clairement une opinion générale :

B. Sélectionner des arguments pertinents :

C. Développer des arguments de manière détaillée :

D. Illustrer ses arguments par des faits et des exemples précis :

2. Marquer clairement les relations entre les idées...

A. Marquer les différentes parties du monologue par des transitions :

B. Enchaîner des arguments logiquement et sans répétition :

C. Relier des arguments par des connecteurs assez variés :

3.3. Production guidée, étape 3

À vous maintenant de critiquer votre production orale ! Ne vous occupez pas de la forme pour le moment. Vous travaillerez sur les problèmes de langue à la section suivante.

Activité

Reprenez l'enregistrement de votre production guidée que vous avez fait à la section 2.5. Essayez de repérer les points forts et les points faibles de votre exposé en utilisant les critères d'évaluation que nous avons vus (uniquement pour le contenu-monologue). Vous pouvez faire l'exercice en plusieurs fois, en vous concentrant sur des critères différents à chaque écoute. Enfin, si vous le jugez nécessaire, enregistrez un autre exposé.

Et n'oubliez pas que vous pouvez demander de l'aide sur le forum de ce livre.

3.4. Corriger ses erreurs

Rappelons-le encore une fois : **la capacité à se corriger** est très appréciée à l'examen. Bien sûr, vous ne ferez pas aussi bien qu'un professeur, mais vous pouvez déjà repérer vous-même un grand nombre d'erreurs de langue. L'exercice est difficile pour beaucoup de candidats qui n'arrivent pas à entendre leurs erreurs. Mais là encore, c'est une question d'entraînement. Voici 2 stratégies essentielles pour vous entraîner :

— Faire 1 point sur les erreurs les plus fréquentes.

— Écouter des productions pour vous habituer à repérer les erreurs.

3.4.1. Quelles sont les erreurs les plus fréquentes ?

Construction des phrases, conjugaison, vocabulaire… Comment contrôler tout cela en même temps ? Je vous conseille, au début, de vous entraîner à contrôler un type de problème à la fois. Par exemple, à la première écoute de votre enregistrement, vérifiez la prononciation, à la deuxième la conjugaison, etc.

Par ailleurs, pendant votre préparation à l'examen, je vous recommande d'étudier les erreurs les plus courantes. Les connaissez-vous ? Il n'est pas possible dans ce livre de voir tous les points de grammaire du niveau B2. **Mon objectif ici est de proposer quelques activités pour vous entraîner à l'autocorrection.** Vous pourrez ensuite continuer seul ce travail, en consultant *en annexe la grammaire essentielle* pour le DELF B2 et *les liens utiles* pour trouver d'autres exercices à faire sur Internet. Vous trouverez également d'autres activités dans mon livre *Production écrite DELF B2*, en particulier dans la section *Améliorer son style*.

Pour faciliter le travail, **je distinguerai 2 niveaux : la phrase et le mot.**

AU NIVEAU DE LA PHRASE

Quelles sont les erreurs les plus fréquentes au niveau de la phrase ?

Les phrases manquent de variété.

C'est notamment l'absence de phrases complexes (phrases relatives par exemple) ou encore les phrases qui comportent de nombreuses répétitions.

Les phrases ne sont pas construites correctement.

Ce sont généralement l'oubli d'un verbe ou d'un complément, les verbes ou les adjectifs construits avec une mauvaise préposition, le choix des modes (indicatif, conditionnel, etc.) …

3. CONTRÔLER SA PRODUCTION

Les pronoms sont mal choisis.

Il est très facile de se tromper dans le choix d'un COD ou d'un COI, d'un pronom relatif...

Activité 1

Comment éviter les répétitions de ces mots-clés ? Remplacez les mots en italique.

A. Les MOOC n'ont aucune chance de concurrencer les masters. En effet, *les MOOC* ne peuvent pas attribuer de certifications reconnues par l'État.

B. De nombreux étudiants n'arrivent pas à terminer les cours, car c'est sans réelle motivation qu'ils s'inscrivent à *ces cours*.

C. Certains enseignants craignent les MOOC. *Les MOOC* pourraient bouleverser leurs habitudes de travail.

D. Les masters ont connu un essor aussi important ces dernières années. *Les masters*, en effet, sont largement demandés sur le marché du travail.

Activité 2

Maîtrisez-vous la construction des phrases complexes ? Corrigez l'erreur en italique dans chacune de ces phrases.

A. Je ne pense pas que faire payer l'inscription aux MOOC *est* une bonne idée.

B. Les publics *que* les MOOC s'adressent sont volontaires et très motivés.

C. J'ai déjà suivi un cours en ligne dans le but *que j'apprenne* des notions de comptabilité.

D. Il est presque impossible qu'un étudiant *finit* un MOOC sans accompagnement pédagogique.

E. C'est plutôt une complémentarité entre les 2 types de cours *qui* est nécessaire de trouver.

Activité 3

Cherchez l'erreur dans chacune de ces phrases et corrigez-la.

A. Certains enseignants refusent à mettre leurs cours en ligne accessibles à tous.

B. Si les MOOC offraient des certifications de niveau BAC +5, les masters doivent se remettre en question.

C. Aujourd'hui, la technologie n'interdit plus les étudiants de passer des examens à distance.

D. Je ne suis pas certain que tout le monde soit prêt de suivre des cours en ligne.

E. En ce qui concerne les MOOC, je pense qu'on les donne trop d'importance.

AU NIVEAU DU MOT

Quelles sont les erreurs les plus fréquentes au niveau du mot ? Dans vos productions orales, faites surtout attention :

— au choix des mots ;

— aux verbes passe-partout comme *il y a, avoir, faire* ;

— aux genres des mots (masculin ou féminin) ;

— aux choix des articles : définis, indéfinis, partitifs ;

— à la conjugaison des verbes.

Activité 4

Prenez l'habitude d'enrichir votre vocabulaire en évitant les verbes passe-partout. Remplacez les mots en italique par les verbes suivants (en n'oubliant pas de les conjuguer) : exister, obtenir, affirmer, suivre, se montrer.

A. Quand *j'ai eu* mon diplôme en 2003, je ne pensais pas qu'un jour je reprendrais des études.

B. Je n'ai encore jamais *fait* de cours en ligne, mais j'aimerais bien essayer.

C. L'auteur de cet article *dit* que les MOOC ont connu un développement considérable.

D. Beaucoup d'étudiants ne *sont* pas favorables à l'évaluation par les pairs.

E. Il *y a* encore trop de différences entre les MOOC et les masters.

Activité 5

Remplacez les verbes en italique par des synonymes plus précis.

A. Les MOOC *ont* encore des difficultés techniques qui empêchent leur développement.

B. Heureusement, dans ce cours en ligne j'ai pu *avoir* l'aide d'autres étudiants meilleurs que moi.

C. Ce n'est pas en mettant des MOOC à la chaîne que l'on pourra *faire* des cursus cohérents.

D. Si les masters *sont* en situation de concurrence, ils devront redéfinir leur offre de formation.

E. L'année dernière, j'ai suivi un cours en ligne qui *avait* des activités d'autoévaluation.

Activité 6

Attention aux choix des articles ! Repérez les erreurs dans ce texte et corrigez-les.

« Il y 2 ans j'ai suivi le cours en ligne qui accueillait plus de 20 000 étudiants. Il était organisé par une université américaine, mais heureusement je pratique l'anglais depuis longtemps. Les leçons en vidéo étaient très intéressantes, mais les activités manquaient de l'interactivité, car c'étaient presque uniquement de quiz. Très peu des étudiants ont eu du courage de finir le cours. La motivation reste le problème important dans les cours en ligne en général. »

3.4.2. Quelles sont VOS erreurs les plus fréquentes ?

La langue française présente des difficultés particulières que tout le monde peut étudier. Mais il est clair que les erreurs vont beaucoup varier selon les personnes.

Les différences entre le français et votre langue maternelle jouent un rôle très important. Par exemple, un Vietnamien peut rencontrer des difficultés avec le choix des modes (conditionnel, subjonctif, etc.), car il ne conjugue pas les verbes dans sa langue maternelle. Un Anglais devra faire attention aux *faux-amis*, c'est-à-dire aux mots qui se ressemblent dans 2 langues, mais qui présentent des sens différents, par exemple l'anglais *resume* qui se dit « reprendre » en français et non pas « résumer ». Et vous ?

Activité 7

Quelles sont, selon vous, les différences importantes entre le français et votre langue maternelle ? Cherchez des exemples d'erreurs qu'elles entraînent fréquemment.

Activité 8

Vous avez sûrement vos erreurs « personnelles », celles que vous faites toujours à l'oral ! Savez-vous lesquelles ? Essayez de repérer les erreurs que vous faites régulièrement. Cherchez-les en priorité quand vous réécouterez vos prochaines productions orales.

3.5. Production guidée, étape 4

Maintenant, vous pouvez essayer de corriger les erreurs de langue dans votre production orale.

Activité

Reprenez l'enregistrement de votre production guidée que vous avez fait à la section 2.5. Essayez de repérer et de corriger les problèmes de langue (grammaire, vocabulaire). Vous pouvez faire l'exercice en plusieurs fois, en vous concentrant sur des types d'erreurs différents à chaque écoute.

Et n'oubliez pas que vous pouvez demander de l'aide sur le forum de ce livre.

3.6. Point stratégie

Des idées d'activités pour aller plus loin, en travaillant seul (en solo) ou avec un ami (en tandem).

En solo

Faire le point. Quel niveau de grammaire est exigé au DELF B2 ? Pour compléter les activités que vous avez réalisées dans cette section, consultez *la grammaire essentielle en annexe*. Vérifiez ce que vous connaissez déjà. Vous pouvez chercher un autre exemple pour chaque point de grammaire. Identifiez ce que vous ne connaissez pas encore et fixez-vous des objectifs de travail.

C'est bon de critiquer ! Il existe de nombreux exemples de production orale sur Internet, alors pourquoi ne pas les utiliser ? En vous entraînant à écouter d'autres candidats, vous améliorerez vos propres productions. Vous pourrez visionner des exemples disponibles sur YouTube.

En tandem

C'est clair ? La clarté est vraiment très importante pour un exposé. Comment vous tester ? Demandez à un ami (qui a également un niveau B2) d'écouter votre exposé et de noter le plan de vos idées. Précisez bien surtout qu'il ne s'occupe que du contenu, pas des erreurs de langue. Si votre argumentation est claire et facile à suivre, votre ami doit pouvoir noter les idées principales et les résumer.

C'est qui le prof ? Contrôler les productions d'autres personnes est un bon moyen d'apprendre à se corriger. Avec un ami, enregistrez séparément un exposé et échangez-les. Chacun repère et note les erreurs de langue de l'autre exposé. Ne corrigez pas ces erreurs, indiquez-les seulement. Enfin, chacun essaie de se corriger.

C'est vous le correcteur ! Cet exercice va vous aider à mémoriser ce qu'il faut faire pour réussir le jour de l'examen. Évaluez (notez) la production d'un ami avec la grille d'évaluation simplifiée que nous avons vue dans la section *3.1. Quels sont les critères d'évaluation ?* Puis justifiez les points que vous avez accordés : *je mets 1 point seulement pour le critère « Peut dégager le thème de réflexion », car tu as oublié d'annoncer le plan.*

Et n'oubliez pas que vous pouvez demander de l'aide sur le forum de ce livre.

Productions libres

À vous maintenant ! Appliquez toutes les techniques que nous avons vues sur les 12 sujets suivants, comme à l'examen.

Si le monologue est encore un exercice difficile pour vous, je vous recommande de travailler progressivement. Pour quelques sujets, prenez bien le temps de les préparer, de chercher du vocabulaire dans un dictionnaire, etc. Puis, préparez les sujets suivants dans les conditions réelles de l'examen. Dans tous les cas, pensez à enregistrer vos monologues et réécoutez-les pour essayer de vous évaluer.

Pour chaque sujet, vous trouverez **un modèle de plan** dans la section *Corrigés des activités* Ce ne sont que des exemples. Beaucoup d'autres productions sont possibles.

Besoin d'aide ?

Pour demander des conseils et échanger avec d'autres lecteurs, vous pouvez poser vos questions sur le forum de ce livre.

Sujet 1 — La santé

> **Objectif zéro stress : une utopie ?**
>
> Qui n'a jamais rêvé d'un paradis, le plus souvent synonyme de tranquillité absolue ? Et ce ne sont pas les moyens qui manquent aujourd'hui pour l'atteindre : sport, médicaments, méditation... Certains vont même jusqu'au bout du monde commencer une nouvelle vie en dehors de la société. Mais un tel paradis existe-t-il réellement ? Le Dr Dominique Servant, auteur d'un ouvrage récent sur le stress, *Plus serein*, en doute : « *Le niveau zéro stress est-il atteignable ou est-ce une publicité mensongère ? Cela signifierait que l'on s'occupe de tout pour vous : plus d'attente, tout stress extérieur sera éliminé. Mais aussi que les turpitudes de l'existence que nous ressentons à l'intérieur de nous disparaissent. Ce qui paraît largement utopique.* » L'intranquillité serait la condition naturelle de tout être vivant et le vrai bonheur une affaire d'équilibre intérieur et non d'oubli dans l'inaction.
>
> D'après Pascale Senk, *Le Figaro Santé*, 17.02.2017

Sujet 2 — Les loisirs

Non, ce n'est pas qu'un jeu !

La sortie en salles, le 21 décembre, du film *Assassin's Creed* avec Marion Cotillard, Michael Fassbender et Jeremy Irons est une grande première, puisque cette fois c'est un film qui est adapté d'un jeu vidéo. Pourtant, certains refusent encore de reconnaître les jeux vidéo comme des objets artistiques, même si la Bibliothèque nationale de France est chargée, depuis 1992, de les collecter au même titre que les livres. Même si leur influence a gagné de nombreux domaines culturels comme la littérature ou la musique. C'est en fait la même distinction, très française, entre culture et divertissement qui perdure. Pas aussi sérieux, les jeux, que le théâtre ou la peinture ! Mais ce n'est sans doute qu'une question de temps. Que l'on pense au cinéma ou à la bande dessinée à leurs débuts. Combien de preuves ont-ils dû fournir avant d'accéder à la légitimité culturelle ? Alors, à quand un créateur de jeux vidéo à l'Académie française ? Encore un peu de patience !

D'après Hugues Ouvrard, *Le Huffington Post*, 03.12.2016

Sujet 3 — Les habitudes de consommation/Le monde du travail

Pourquoi il ne faut pas avoir peur de l'ubérisation

Elle n'a pas fini de susciter des craintes... Mais qu'est-ce que l'ubérisation exactement ? Le principe est de mettre en relation directe, grâce à des applications numériques, des personnes qui possèdent un bien sous-utilisé (par exemple une voiture) avec des personnes qui ont un besoin ponctuel de ce bien (un déplacement en ville). C'est donc une forme d'économie collaborative, où tout le monde peut participer, avec un minimum d'intermédiaires. Si l'ubérisation fait peur, c'est pour la précarisation de l'emploi qu'elle semble vouloir généraliser à toute la société : une société de travailleurs indépendants avec des faibles revenus et sans protection sociale. En réalité, il s'agit plutôt d'une période de transition entre l'ancien et le nouveau modèle économique. Le système doit encore trouver son équilibre. Mais il est certain que dans le futur les clients accepteront de payer plus cher et que les rémunérations seront plus équitables, afin que tout le monde tire profit de l'économie collaborative.

D'après Yann Truong, *Le Huffington Post*, 14.10.2016

Sujet 4 — Les comportements alimentaires/Les technologies de l'information et de la communication

Trop bon pour être jeté !

Selon le Ministère de l'Agriculture, près de 4 millions de tonnes de nourriture invendue sont jetés chaque année par les commerces et les restaurants. Seule une partie échappe à cet énorme gaspillage alimentaire, grâce aux associations caritatives qui la récupèrent pour la redistribuer aux personnes en difficulté. C'est pour compléter leur action, et non pour les concurrencer, que Lucie Basch a lancé en juin dernier l'application *Too Good To Go*, qui permet aux clients d'acheter des produits frais jusqu'à 60 % moins cher. Mais comment cela fonctionne exactement ? Chaque fin de journée, les 360 commerçants partenaires constituent des paniers-repas avec leurs invendus, que les clients peuvent acheter entre 4 et 6 euros via l'application et venir les récupérer sur place juste avant la fermeture des magasins. Présente à Paris, Lille, Nantes, Strasbourg, Lyon, Bordeaux et Toulouse, *TGTG* a déjà vendu 20 000 repas depuis sa création.

D'après Mathilde Golla, *Le Figaro économie*, 24.01.2017

Sujet 5 — Les relations familiales

La fessée, c'est terminé !

Suite à la loi votée au Parlement le 22 décembre dernier, il est désormais interdit de donner une fessée ou une gifle à son enfant. En effet, l'article 68 du texte exclut tout usage de violences corporelles. Comme le contrôle au sein de la famille est évidemment impossible, c'est à l'enfant qu'il reviendra de les signaler, notamment à ses enseignants qui pourront relayer auprès des autorités, à moins qu'un des parents ne porte plainte contre l'autre parent. Mais que risquerait-il ? Le nouveau texte de loi ne prévoit aucune sanction pénale, déjà inscrite dans le Code en cas de punitions corporelles à répétition. La portée de ce texte, qui sera lu par le maire lors des cérémonies de mariage, est donc avant tout symbolique et morale. En intervenant dans le champ habituellement réservé aux parents, il vient compléter les outils de prévention contre les violences familiales.

D'après Anna Benjamin, *L'Express*, 30.12.2017

Sujet 6 — Le progrès scientifique/Le monde du travail

Les robots vont-ils nous prendre nos emplois ?

Une récente étude du cabinet McKinsey annonce que de nombreux emplois seront touchés par l'automatisation, y compris dans les secteurs où on s'y attendrait le moins. Dans le droit par exemple, une start-up britannique permet déjà de contester des contraventions de manière automatique, sans l'intervention d'un avocat. Ou encore dans la presse où des programmes informatiques sont chargés de rédiger des articles sur le sport ou la finance. Cependant une autre étude, conduite par le Conseil d'orientation pour l'emploi cette fois, affirme que moins de 10 % des métiers disparaîtront. Ce qui s'annonce plutôt, c'est une collaboration avec des robots affectés à des tâches répétitives. Par ailleurs, la robotisation à grande échelle, comme on peut l'observer au Japon, génère de nouveaux emplois, selon le principe de la *destruction créatrice* de l'économiste Schumpeter. La tâche du travailleur consistera en effet à apporter ce contact... humain devenu encore plus précieux.

D'après Jérôme Colombain, *France info*, 13.02.2017

Sujet 7 — L'apprentissage des langues

L'apprentissage d'une langue rend plus tolérant

Parmi les multiples avantages qu'offre l'apprentissage des langues étrangères, en voici un auquel on ne pense pas forcément : il développe notre tolérance. D'une part, il permet d'acquérir une compétence culturelle. En effet, au-delà de l'apprentissage purement linguistique, la fréquentation régulière d'une autre culture que la sienne implique une nouvelle façon de penser, plus critique, qui évite de réduire l'autre à des stéréotypes. D'autre part, c'est *la tolérance à l'ambiguïté* qui se trouve renforcée. De quoi s'agit-il ? C'est l'aisance avec laquelle vous abordez des situations qui ne sont pas familières. C'est lorsque la rencontre avec l'inconnu n'est plus synonyme de stress, mais d'excitation. Une personne qui parle plusieurs langues a appris notamment à maintenir des conversations où elle ne comprend pas tous les mots. De plus, cette tolérance à l'ambiguïté une fois acquise ne se limite pas aux langues. Elle incite à innover et à prendre des risques dans tous les aspects du quotidien.

D'après Amy Thompson, *Le Point*, 22.01.2017

PRODUCTIONS LIBRES

Sujet 8 — L'environnement/Les comportements alimentaires

L'élevage, première cause du réchauffement climatique

Même si le nombre de végétariens augmente, consommer de la viande est une tradition qui perdure, malgré son impact considérable sur l'environnement. L'élevage d'animaux constitue en effet la première cause du réchauffement climatique, puisqu'il rejette à lui seul 15 % des gaz à effet de serre, soit plus que les émissions de tous les moyens de transport réunis. Les terres qu'il mobilise pourraient être utilisées pour des cultures de végétaux capables d'absorber le CO_2. De plus, la baisse des surfaces agricoles disponibles incite à la déforestation. Une diminution de l'élevage permettrait également de réduire la consommation d'eau, sachant qu'un kilogramme de bœuf nécessite 13 500 litres d'eau. Selon une étude européenne parue en 2013, diminuer les rations de viande dans les assiettes entraînerait une économie de 23 à 38 %.

D'après *CNEWS Matin*, 16/03/2017

Sujet 9 — Les inégalités Hommes/Femmes

Tout travail mérite salaire !

Le collectif *Les glorieuses* appelle les Françaises à cesser le travail ce lundi 7 novembre à partir de 16h34, et ce... jusqu'à la fin de l'année ! Son but ? Sensibiliser l'opinion publique aux inégalités salariales. En effet, selon le calcul effectué par le collectif, si l'on compare les salaires moyens des hommes et des femmes, celles-ci travailleraient gratuitement à partir de cette date. Estimée à 11 % par l'Observatoire des inégalités, cette inégalité pourrait perdurer, selon le Forum économique et mondial, jusqu'en 2186 ! Ce collectif féministe suit l'exemple du mouvement islandais à l'origine d'un rassemblement devant le Parlement de Reykjavik le 24 octobre dernier. En France, des manifestations sont prévues à Nantes et à Lyon. Laurence Rossignol, la ministre des Familles, de l'Enfance et des Droits des femmes, a d'ores et déjà exprimé son soutien au collectif.

D'après *Marianne*, 07.11.2016

Sujet 10 — Les technologies de l'information et de la communication

Les courses font leur show sur YouTube

Avez-vous déjà vu ces vidéos où, de retour du supermarché, on filme ses courses familiales sur la table de la cuisine ? Ce concept appelé *grocery haul*, qui nous vient des États-Unis, connaît un énorme succès et les youtubeurs les plus populaires comptent jusqu'à cent mille abonnés. Certaines vidéos dépassent même le million de vues ! Alors, comment expliquer cet engouement ? Selon Sophie, une youtubeuse de 26 ans, le but est de montrer « *la vraie vie* », de faire des vidéos « *plus proches des gens* ». Bonnes idées et alertes promotions... elles auraient avant tout un intérêt pratique. D'ailleurs, ces « *retours de courses* » se sont diversifiés au fil du temps, comme ceux de Jon, un entrepreneur de 25 ans, adepte du régime végan, qui explique sur sa chaîne comment consommer des produits sains à des prix raisonnables. Succès garanti auprès des jeunes amateurs de fitness !

D'après Perrine Signoret, *Le Monde*, 18.02.2017

Sujet 11 — Les médias

Le Monde s'allie à Facebook contre les fausses informations

Le célèbre réseau social vient de l'annoncer : huit médias français, dont *Le Monde*, ont accepté de collaborer avec Facebook dans la lutte contre la désinformation. Le dispositif, déjà déployé aux États-Unis suite aux pressions engendrées par la campagne électorale, permet aux internautes de signaler les informations qu'ils jugent fausses. Les liens sont ensuite communiqués à un portail destiné aux médias partenaires qui peuvent ainsi vérifier ces informations. Une fois qu'il est signalé faux, un contenu apparaît sur le réseau social marqué d'un drapeau rouge et un clic sur le lien déclenche une alerte. La circulation du contenu se voit alors limitée et son exploitation publicitaire est rendue impossible. D'abord réticents à l'idée de mâcher le travail à Facebook, les journaux français ont finalement accepté d'expérimenter le dispositif pour une durée de deux mois. Au-delà, la question d'une compensation pour le travail effectué ne manquera pas de se poser.

D'après Alexis Delcambre, *Le Monde*, 06.02.2017

Sujet 12 — Le tourisme/Les technologies de l'information et de la communication

Comment Instagram influence les touristes

Un article récent du magazine américain *National Geographic*, explique comment Instagram influence les touristes au moment de choisir leurs destinations. L'auteure et voyageuse Carrie Miller y montre, chiffres à l'appui, l'effet de mimétisme que provoque le réseau social dédié à la photographie. Des sites auparavant tranquilles voient leur fréquentation touristique augmenter soudainement. Le désir d'authenticité expliquerait cet engouement, les photographies d'Instagram se montrant bien plus inspirantes que d'officielles brochures touristiques. Elles permettraient même de passer des messages pour sensibiliser à la protection de l'environnement. Toutefois, la journaliste du *National Geographic* révèle une réalité beaucoup plus sombre qu'elle ne le paraît au premier abord. Comment ces sites touristiques rendus populaires en très peu de temps peuvent-ils faire face aux dégradations de leur environnement ? Et comment éviter que des internautes imitent des conduites à risques au péril de leur vie ?

D'après *Le Courrier international*, 01.02.2017

4. L'entretien

Votre exposé est terminé... c'est le moment de passer à l'entretien, appelé aussi *débat*. Deux remarques tout d'abord, pour bien définir ce type d'exercice :

1. Ce n'est pas vraiment un débat, où tout le monde peut s'exprimer à égalité, car les examinateurs ne parleront pas beaucoup. Ils vont surtout vous poser des questions pour vous faire parler. C'est normal, puisque c'est vous qui passez un examen ! C'est pour cette raison que dans ce livre je préfère utiliser le mot *entretien*, qui est plus exact selon moi.

2. C'est une **simulation**. Les examinateurs vont jouer à n'être pas d'accord avec vos arguments pour tester vos réactions. N'ayez pas peur de contredire les examinateurs, d'exprimer vous aussi votre désaccord. **Vous ne serez pas jugé sur vos idées, mais sur vos capacités à les exprimer.**

Contrairement à l'exposé, l'entretien est un exercice difficile à prévoir, son déroulement dépend de chaque situation. Toutefois, vous verrez dans les sections suivantes qu'il est possible de s'y préparer de 2 manières :

1. **en anticipant les questions**, c'est-à-dire en étudiant les types de questions possibles pour bien les comprendre le jour de l'examen ;

2. **en apprenant les fonctions essentielles**, c'est-à-dire des structures de phrases pour répondre aux questions des examinateurs. Par exemple, comment exprimer un désaccord ? Comment exprimer une certitude ? etc.

Documents sonores

Dans ce chapitre, de nombreuses activités sont accompagnées de documents à écouter. Ils sont disponibles à cette adresse :

communfrancais.com/ressources/production-orale-delf-b2/

4.1. Anticiper

Pour bien répondre aux questions de l'examinateur, il faut d'abord les comprendre ! Autrement dit, l'entretien est aussi un exercice de compréhension orale. Mais heureusement, il est possible de prévoir certains types de questions.

4.1.1. Découverte

Activité 1

Réfléchissons. Selon vous, dans quel but les examinateurs vont-ils vous poser des questions ? Cherchez 3 objectifs possibles.

Activité 2

Reprenez le sujet de production guidée. Imaginez 3 questions que les examinateurs pourraient vous poser.

Activité 3

Écoutez les 6 questions et classez-les selon l'objectif général qu'elles poursuivent. **Écoutez le document 4.**

Demander des précisions	
Débattre d'un argument	
Aller plus loin	

Activité 4

Que fait l'examinateur ? Écoutez les questions et sélectionnez la bonne réponse. **Écoutez le document 5.**

Question A :

1. Il demande d'expliquer une solution.
2. Il demande de conclure l'entretien.
3. Il demande d'illustrer un argument.

Anticiper

Question B :
 1. Il veut élargir le débat.
 2. Il suggère une solution.
 3. Il aborde un autre aspect.

Question C :
 1. Il demande de comparer avec votre pays.
 2. Il demande de développer un argument.
 3. Il demande de parler de votre expérience.

Question D :
 1. Il exprime un sentiment.
 2. Il pose une hypothèse.
 3. Il critique une solution.

Question E :
 1. Il demande de résumer une opinion.
 2. Il demande de raconter une expérience.
 3. Il demande d'illustrer un argument.

Question F :
 1. Il évoque l'évolution d'un problème.
 2. Il demande de conclure l'entretien.
 3. Il reformule votre opinion générale.

4.1.2. Les temps forts d'un entretien

Rappelons-le : il n'y a pas de règle absolue pour le déroulement d'un entretien. Cela va dépendre de chaque situation. Mais on peut tout de même distinguer **3 grands moments** qui poursuivent chacun un but différent :

1. Demander des précisions sur des points obscurs ou des manques dans votre exposé.
2. Discuter vos arguments et les solutions que vous avez proposées.
3. Aller plus loin, s'il reste du temps pour continuer l'échange.

4. L'ENTRETIEN

Que font les examinateurs à chaque étape ? Essayons de lister les questions les plus fréquentes.

1. Demander des précisions

Les examinateurs pourront vous demander de :

— Formuler votre opinion finale (si vous ne l'avez pas exprimée assez clairement).

— Reformuler un argument qui n'était pas assez clair.

— Parler plus concrètement d'une solution.

— Illustrer un argument par un exemple.

— Parler de votre expérience personnelle.

2. Débattre de vos arguments

Les examinateurs pourront :

— Exprimer un désaccord

— Critiquer une solution

— Demander votre opinion

— Demander votre sentiment

— Suggérer une solution

3. Aller plus loin

Les examinateurs pourront vous demander :

— D'aborder un autre aspect du sujet

— D'élargir le débat

— De comparer avec votre pays

— D'imaginer le futur

Activité 5

Prenons l'exemple du sujet 2 sur les jeux vidéo (voir le chapitre Productions libres). Complétez la liste ci-dessus en imaginant des exemples de questions que les examinateurs pourraient vous poser. Par exemple :

Formuler votre opinion finale : *donc, si j'ai bien compris, vous considérez le jeu vidéo comme un art à part entière ?*

Anticiper

Activité 6

Prenons l'exemple du sujet 4 sur le gaspillage alimentaire. Écoutez et dites ce que fait l'examinateur au cours de l'entretien. **Écoutez le document 6.**

Question A :

Question B :

Question C :

Question D :

Question E :

Question F :

4.2. Réagir

Vous comprenez les questions des examinateurs ? C'est parfait ! Et maintenant comment répondre ? Voici d'abord quelques conseils généraux pour réussir l'entretien :

1. Évitez absolument les réponses trop courtes. Eh oui, c'est un examen oral ! Les examinateurs ont pour mission de vous faire parler. Si à chaque question vous vous contentez de répondre par oui ou par non... votre note aussi risque d'être courte !

2. Ne répétez pas toujours les mêmes phrases. Quand l'examinateur vous demande d'expliquer un argument ou d'apporter des précisions, faites l'effort de **reformuler** vos idées et d'apporter des compléments d'information. N'oubliez pas que l'on juge la richesse de votre vocabulaire.

3. Restez cohérent et ferme dans votre argumentation. Ce n'est pas parce que l'examinateur n'est pas d'accord avec vous que vous devez changer d'opinion toutes les 2 minutes. N'oubliez pas que l'on teste aussi votre capacité à **défendre votre opinion.**

> **Conseil**
>
> Vous ne comprenez pas une question de l'examinateur ? Il vous manque un mot pour exprimer une idée ? Vous pouvez tout à fait demander de l'aide aux examinateurs. Ils ne vous la refuseront pas !

4.2.1. Découverte

Activité 1

Prenons l'exemple du sujet 6 sur les robots au travail (voir le chapitre Productions libres). Associez les réponses ci-dessous aux questions que vous entendez. **Écoutez le document 7**

A. Oui, je suis tout à fait de votre avis. Aucun robot ne pourra le remplacer.

B. Ce que j'ai voulu dire c'est que, si les robots suppriment certains emplois, ils en créent d'autres. Ils créent en même temps qu'ils détruisent, jusqu'à un nouvel équilibre.

C. J'en suis persuadé. Je ne vois aucune tâche impossible à effectuer par un robot dans le futur.

D. C'est un peu difficile à dire, car cela évolue très vite. Mais je doute que les robots y occupent une grande place.

Réagir

E. Oui, je le reconnais. Cela doit être angoissant au début. Mais je pense qu'on s'y habitue vite.

F. C'est une mesure intéressante effectivement, mais peut-être difficile à faire accepter... On pourrait commencer par fixer des quotas.

Activité 2

Continuons avec l'exemple du sujet 6. Que fait le candidat ? Associez les réponses que vous entendez avec les actions ci-dessous. **Écoutez le document 8**

Le candidat :

A. exprime un accord.

B. reformule un argument.

C. défend une solution.

D. compare avec la situation dans son pays.

E. exprime un désaccord.

F. exprime un sentiment.

4.2.2. Fonctions essentielles

Rappelons-le : quand on veut s'exprimer dans une langue étrangère, **il faut réfléchir directement dans cette langue.** Pour développer votre aisance à l'oral, apprenez donc à utiliser des modèles de phrases qui conviennent aux situations que vous rencontrez.

Parmi les **fonctions essentielles** que nous avons déjà vues pour présenter un exposé (voir la section *2.2.2. Quelques fonctions essentielles*), certaines vous serviront aussi pour l'entretien comme *exprimer un point de vue* et *raconter une expérience*.

Voyons maintenant d'autres fonctions très utiles pour répondre aux questions des examinateurs :

1. Confirmer un point de vue
2. Exprimer un accord ou un désaccord
3. Exprimer des sentiments
4. Reformuler

4. L'ENTRETIEN

CONFIRMER UN POINT DE VUE

Prêt à défendre votre opinion face aux examinateurs ? Reprenons cet extrait de dialogue de l'activité 1 :

— *Croyez-vous vraiment que les robots vont remplacer les hommes dans un avenir proche ?*

— **J'en suis persuadé.** *Je ne vois aucune tâche impossible à effectuer par un robot dans le futur.*

Croyez-vous vraiment... ? Par cette question, l'examinateur demande au candidat de confirmer son point de vue. *J'en suis persuadé* sert au candidat à exprimer sa certitude. Par ailleurs, il n'oublie pas d'ajouter un argument ou un complément d'information pour être plus convaincant. **Évitez toujours, je le répète, de répondre avec des phrases trop courtes.**

Activité 3

Prenons l'exemple du sujet 7 sur l'apprentissage des langues (voir le chapitre Productions libres). Parmi ces phrases, lesquelles servent à confirmer un point de vue ? Relevez les expressions utilisées.

A. C'est vrai que cela prendra du temps de réformer l'enseignement, mais je pense vraiment que c'est la meilleure solution.

B. J'en suis convaincu. Plus vous apprenez de langues, plus vous devenez tolérant.

C. Je suis tout à fait de votre avis pour ce qui est de la créativité des enfants bilingues.

D. C'est ce que je pense. La grammaire est beaucoup moins importante selon moi.

E. Je crois réellement que dans le futur on n'aura plus besoin d'apprendre des langues étrangères.

F. Je ne partage pas du tout l'opinion selon laquelle tous les bilingues seraient des génies !

G. Non, effectivement je ne crois pas que cela soit facile d'apprendre une langue. Mais je suis certain que tout le monde en est capable.

H. Je me suis sans doute mal exprimé. Selon mon point de vue, les méthodes de français actuelles sont encore trop linguistiques.

Activité 4

Continuons avec le sujet 7. Répondez aux 4 questions de l'examinateur en confirmant votre point de vue. **Écoutez le document 9.**

Réagir

EXPRIMER UN ACCORD OU UN DÉSACCORD

Au cours du débat, les examinateurs vont certainement vous demander de réagir à leurs arguments ou à leurs suggestions. Exprimez-vous librement... Vous avez le droit de ne pas être d'accord ! Mais **pensez toujours à justifier votre point de vue.**

Activité 5

Prenons l'exemple du sujet 8 sur le réchauffement climatique (voir le chapitre Productions libres). Associez les réponses que vous entendez avec les questions ci-dessous. **Écoutez le document 10.**

A. Vous préconisez d'interdire les voitures à essence en ville. Cela sera difficile à faire accepter par la population, non ?

B. On entend régulièrement certains hommes politiques dire que le réchauffement climatique est une illusion, que c'est un problème imaginaire. Qu'en pensez-vous ?

C. Selon moi, réduire la consommation de viande risque d'avoir des effets néfastes pour l'emploi...

D. Il faudrait peut-être limiter les déplacements en avion aux personnes qui en ont vraiment besoin, pour leur travail par exemple.

E. Le problème essentiel c'est l'indifférence des populations, vous ne trouvez pas ?

Activité 6

Relevez les expressions de l'accord et du désaccord dans les réponses de l'activité 5 et classez-les dans le tableau. Complétez la liste avec d'autres expressions que vous connaissez.

Exprimer un accord	
Exprimer un désaccord	

Activité 7

Continuons avec le sujet 8. Répondez aux 4 questions de l'examinateur en confirmant votre point de vue. Ne prenez pas trop de temps pour préparer vos réponses. Enregistrez-vous pour vérifier vos productions. **Écoutez le document 11.**

4. L'ENTRETIEN

EXPRIMER DES SENTIMENTS

L'exposé et l'entretien sont avant tout des exercices d'argumentation. On attend d'abord de vous des arguments raisonnables et exposés logiquement. Mais une décision ou un problème de société peuvent provoquer des sentiments, comme la peur ou le mécontentement, et les exprimer donne plus de force à vos arguments en les rendant plus personnels.

Activité 8

Rappelez d'abord vos connaissances. Quelles structures de phrases savez-vous déjà utiliser pour exprimer des sentiments ? Écrivez quelques exemples.

Activité 9

Prenons l'exemple du sujet 9 sur les inégalités (voir le chapitre Productions libres). Attention aux constructions ! Remettez les réponses du candidat dans l'ordre.

A. certains — assez — de — est — déplorable — attitude — employeurs — l'

B. rassurant — voir — mentalités — changer — c' — commencent — plutôt — à — que — est — les — de

C. action — efficace — collectif — de — je — ce — ne — soit — crains — assez — que — l' — pas

D. discriminations — vraiment — quand — travail, — je — cela — vois — met — toutes — colère — ces — me — au — en

E. cette — façon — choquante — trouve — économies — je — très — de — des — faire

Activité 10

Continuons avec le sujet 9. Répondez aux 4 questions de l'examinateur en exprimant des sentiments. Ne prenez pas trop de temps pour préparer vos réponses. Enregistrez-vous pour vérifier vos productions. **Écoutez le document 12.**

REFORMULER

À la suite de votre exposé, les examinateurs pourront vous demander d'expliquer des arguments qui ne leur semblent pas assez clairs. Ne paniquez pas, cela arrive souvent, c'est tout à fait normal. En revanche, évitez absolument de répéter les mêmes phrases que les examinateurs n'ont pas bien comprises ! Il faut les **reformuler, c'est-à-dire exprimer la même idée avec d'autres mots.**

Réagir

La reformulation est d'abord un problème de richesse de vocabulaire (connaissance des synonymes, définitions...) qui demande une longue pratique de la langue. Dans ce livre, nous pourrons seulement :

— étudier les expressions qui peuvent introduire une reformulation ;

— réaliser quelques activités d'entraînement à la reformulation.

Activité 11

Prenons l'exemple du sujet 10 concernant les vidéos sur YouTube (voir le chapitre Productions libres). Associez ces questions de l'examinateur avec les réponses du candidat que vous entendez. **Écoutez le document 13.**

A. Vous voulez dire que tout le monde peut devenir célèbre sur Internet ?

B. Si j'ai bien compris, sur YouTube maintenant, on ne fait plus de distinction entre les amateurs et les professionnels ?

C. Si je comprends bien, ces vidéos rencontrent autant de succès parce qu'elles parlent de la vie des gens, c'est bien cela ?

D. Vous avez dit que sur le réseau Internet, c'est l'éducation de tous par tous. Qu'entendez-vous par là précisément ?

E. Je souhaiterais revenir à votre dernier exemple, qui évoquait, je crois, des personnes célèbres qui lisent des livres sur YouTube...

Activité 12

Relevez dans l'activité 11 les expressions utilisées par le candidat pour reformuler. Puis, complétez la liste avec d'autres expressions que vous connaissez.

Activité 13

Continuons avec le sujet 10. Répondez aux 4 questions de l'examinateur en reformulant les arguments. Ne prenez pas trop de temps pour préparer vos réponses. Enregistrez-vous pour vérifier vos productions. **Écoutez le document 14.**

4.3. Point stratégie

Des idées d'activités pour aller plus loin, en travaillant seul (en solo) ou avec un ami (en tandem).

En solo

Mémorisez des modèles. Comme pour le monologue, vous aurez besoin au cours de l'entretien d'utiliser des phrases pour exprimer un désaccord, confirmer un point de vue, etc. **Apprenez quelques modèles par cœur.** Cela vous évitera de traduire depuis votre langue maternelle (avec les mauvais résultats que l'on connaît) et de vous exprimer plus facilement le jour de l'examen. Vous pourrez retrouver toutes *les fonctions essentielles en annexe*.

Posez-vous des questions. Quand vous vous entraînez seul à l'exposé, après une présentation, essayez d'imaginer les questions que les examinateurs pourraient vous poser. Les activités de reformulation, par exemple, sont particulièrement efficaces pour améliorer votre expression orale. Commencez par noter 2 ou 3 questions sur une feuille. Puis répondez-y le plus spontanément possible soit *mentalement* (dans votre tête) soit en vous enregistrant. Vous enregistrer permet de vous réécouter pour contrôler si vous avez fait des erreurs.

Visionnez des exemples. Vous trouverez sur Internet des vidéos d'examen, par exemple sur YouTube en cherchant « Production orale DELF B2 débat ». Concentrez-vous sur la deuxième partie de l'épreuve, c'est-à-dire le débat. Un bon exercice est de repérer les questions de l'examinateur et de les écrire. Trouvez si possible des vidéos avec des sous-titres pour pouvoir vérifier votre prise de notes. Cela vous entraînera à comprendre les questions des examinateurs.

En tandem

Comme à l'examen. Demandez à un ami de jouer le rôle de l'examinateur. Il peut préparer des questions à vous poser pendant que vous préparez votre exposé. Ensuite, vous pourrez faire l'épreuve orale complète (monologue + débat). Enregistrez-vous pour évaluer votre oral avec les critères que nous avons déjà vus dans la section *3.1. Quels sont les critères d'évaluation ?* Procéder à cette évaluation par deux est très intéressant, car cela vous oblige à justifier précisément les points que vous donnez à chaque critère.

Le contradicteur. Entraînez-vous à débattre avec un ami qui joue à adopter une opinion contraire à la vôtre. Il essaie de critiquer vos arguments. Essayez de les défendre le plus spontanément possible en pratiquant la reformulation, l'expression du désaccord, etc. Ce type d'exercice vous aidera à défendre votre point de vue avec plus d'aisance. Pour faciliter le travail, vous pouvez demander à un ami d'écouter d'abord un exposé que vous avez enregistré et de préparer des questions et des arguments pour vous contredire. Pour cela, il

Point stratégie

peut s'aider des types de questions que nous avons déjà vus dans la section *4.1.2 Les temps forts de l'entretien.*

Et n'oubliez pas : vous pouvez demander de l'aide sur le forum de ce livre.

Bilan

N'oubliez pas de faire un bilan avant l'examen ! Qu'est-ce que vous savez faire maintenant ? Qu'est-ce que vous devez apprendre encore ?

Activité

Vous pouvez vérifier vos compétences à l'aide de cette liste. Est-ce que je sais...

I. PRÉPARER UN MONOLOGUE

— Analyser le sujet pour dégager une problématique

— Chercher rapidement des idées et des exemples

— Préparer un plan détaillé

II. PRÉSENTER LE MONOLOGUE

— Introduire un exposé

— Développer un argument

— Exprimer un point de vue

— Raconter une expérience

— Exprimer une cause

— Exprimer une conséquence

— Suggérer des solutions

— Faire des transitions entre les parties

— Relier des arguments par des connecteurs

— Conclure un exposé

III. DÉBATTRE

— Anticiper les questions

— Confirmer un point de vue

— Reformuler des arguments

— Exprimer un accord

— Exprimer un désaccord

— Exprimer des sentiments

IV. CONTRÔLER SA PRODUCTION

— Contrôler le contenu d'un exposé

— Éviter les erreurs de grammaire courantes

— Varier les types de phrases

— Éviter les répétitions

— Éviter les verbes faibles (avoir, faire, etc.)

Corrigés des activités

INTRODUCTION

Activité page 20

Voici donc un exemple de répartition possible pour vous aider :

1. Analyser le sujet : 5 minutes environ

2. Chercher des idées : 10 minutes environ

3. Préparer le plan : 15 minutes environ

Ce sont seulement des suggestions, car l'organisation du temps reste un problème personnel. C'est à vous de choisir la durée qui vous convient pour chaque étape. Pendant votre préparation à l'examen, je vous conseille d'essayer certains sujets de ce livre en temps limité. Contrôlez combien de temps vous mettez à chaque étape. Petit à petit, vous verrez que cela deviendra automatique !

1. PRÉPARER LE MONOLOGUE

Activité 1 page 25

A. 1

B. Ces cours en ligne gratuits et ouverts à tous.

C. master, cours, crédits ECTS, cursus universitaire, université. (Attention, à l'université on obtient des diplômes. Le terme de certificat y est rarement utilisé.)

D. Réponse libre. Vous pouvez comparer votre réponse avec le corrigé de la question E.

E. 3 (Notez bien le conditionnel présent. C'est une possibilité, pas encore une réalité. C'est pourquoi la réponse 1 est incorrecte.)

Activité 2 page 25

A. 2 (L'article mentionne un chercheur, auteur d'une thèse et cite des réponses qu'il a sans doute données lors d'une interview. La réponse 3 est impossible au vu de la date de l'article. En France, la rentrée universitaire a lieu en octobre.)

99

B. Variété des cours, flexibilité (l'étudiant peut organiser son temps comme il le veut), possibilité de certifications.

C. Réponses 1 et 3 (comme on peut le lire dans la citation de M. Cisel, *70 % des MOOC sont des cours introductifs,* pour attirer le plus grand nombre de personnes.)

Activité 3 page 26

A. Réponse libre. Vous pouvez comparer votre réponse avec celle de la question B.

B. Les problématiques acceptables sont 2, 4 et 7.

Commentaires :

Les problématiques 2 et 4 sont assez identiques. La 4 présente l'avantage d'être plus ouverte tout en restant dans les limites du sujet. Elle permet de traiter de la concurrence avec les masters, mais aussi avec d'autres diplômes comme la licence, etc. La problématique 7 est une autre façon intéressante de poser le problème. Il s'agira surtout de trouver des solutions pour élever les MOOC au même niveau que les formations universitaires. Si vous choisissez la problématique 1, l'examinateur peut vous reprocher d'être trop loin du sujet posé par l'article. Les 3 et 6 ne traitent qu'un aspect du sujet et elles demandent beaucoup de connaissances techniques. Enfin, évitez d'utiliser les mots *avantages* et *inconvénients* comme dans la problématique 5. L'expression est un peu « scolaire ». De plus, vous devez exposer une opinion, l'exprimer clairement, pas établir une liste d'avantages et d'inconvénients.

Activité 1 page 28

A. Un des avantages des MOOC le plus souvent évoqué est la flexibilité. En effet, ces cours à distance permettent aux inscrits de se connecter aux heures qui leur conviennent, le soir et le week-end par exemple pour les personnes qui ont une activité professionnelle. Il est possible d'ailleurs de suivre ces cours d'où l'on veut, y compris lorsque l'on est en voyage. Toutefois, il convient de relativiser cette flexibilité pour certains cours qui demandent de respecter un planning très strict avec des devoirs à rendre dans les délais imposés.

B. Les raisons des abandons massifs peuvent être les suivantes :

— Beaucoup de personnes s'inscrivent à un MOOC parce qu'il fait le « buzz » sur les réseaux, mais ils n'ont pas vraiment la motivation de le suivre.

— Travailler en ligne demande de l'autodiscipline. Les étudiants habitués à étudier sous la contrainte d'un professeur rencontrent beaucoup de difficultés quand ils se retrouvent seuls !

— L'offre des MOOC est maintenant très riche et on peut être tenté de s'inscrire à beaucoup de cours en même temps. Finalement, on ne les suit pas faute de temps.

CORRIGÉS

C. Lutter contre l'abandon n'est pas facile. L'offre de certifications est d'une efficacité relative, car il s'agit souvent d'une simple attestation de réussite, dont la valeur est surtout symbolique.

D. La principale critique que l'on peut faire à l'attribution de crédits ECTS à distance, c'est le risque de fraude. Comment être certain que c'est bien cet étudiant qui a passé l'examen et pas un autre à sa place ?

Activité 2 page 28

Réponses libres.

Activité 3 page 29

Les aspects traités dans cet article sont les **aspects économiques** (coûts de production) et les **aspects pédagogiques** (offre, flexibilité, abandons...). On peut traiter d'autres aspects encore comme :

L'aspect social : les MOOC sont-ils devenus un phénomène de société ? Quelle vision en donne la presse ? Qu'en pense le public ?

L'aspect de l'emploi : qui crée les MOOC ? Quel est le rôle exact des enseignants ? Qu'en pensent les enseignants des universités ?

L'aspect politique : les MOOC sont-ils encouragés par les gouvernements ? Si oui, quelles sont leurs motivations ?

Activité 4 page 30

Les motivations possibles des établissements qui proposent des MOOC :

— Les utiliser comme moyen de promotion

— Attirer les étudiants étrangers

— Favoriser l'éducation pour tous

Les motivations possibles des étudiants qui suivent des MOOC :

— Suivre un cours qui n'est pas proposé dans leur université

— Participer à un cours avec des étudiants du monde entier

— Développer des compétences utiles dans leur métier

D'autres personnes peuvent être concernées par les MOOC, comme les professeurs d'université. Certains peuvent avoir peur de perdre leur poste ou accepter difficilement d'utiliser les nouvelles technologies, des méthodes d'enseignement innovantes. D'autres au contraire peuvent y trouver l'occasion de développer leur réputation.

CORRIGÉS

Activité 1 page 32

C'est le plan B qui est correct.

Commentaires :

Le plan A ne convient pas, car un plan dialectique, c'est comme un dialogue. Ce n'est pas une liste d'arguments seulement pour ou seulement contre. Votre opinion doit être nuancée. Pour cela, il faut analyser la position adverse et la critiquer. Le plan C ne suit pas un déroulement logique en français. Relisez la définition du plan dialectique ci-dessus. Dans la première partie, la *thèse*, vous analysez les arguments contraires à votre opinion. Vous réservez ainsi le développement de votre position personnelle pour les 2 parties suivantes

Activité 2 page 33

I. Situation

    1. L'essor des MOOC

    2. Limites des MOOC

II. Causes

    1. Habitudes d'apprentissage

    2. Coûts de production

III. Solutions

    1. Améliorer les programmes

    2. Partager les coûts

Activité 3 page 34

II. Limites des MOOC

1. *Manque d'accompagnement pédagogique* (ou limites pédagogiques) : faible motivation des étudiants, enseignants non disponibles, nombreux abandons.

2. *Évaluation insuffisante* (ou limites de l'évaluation) : tests trop simples, risque de fraude, certificats sans valeur.

Activité 4 page 34

Ce plan présente 2 problèmes différents :

1. Le classement des idées : « L'essor des MOOC » et « Offre de cours variée » ne sont pas 2 arguments très différents. Le second peut expliquer le premier : c'est parce que l'offre est variée que les MOOC se développent. Il faut donc les regrouper dans un seul argument.

CORRIGÉS

2. Les contradictions : il y a un problème de logique entre « Certifications » dans la première partie et « Pas de certificat » dans la deuxième partie. **Attention, l'antithèse ne doit pas dire exactement le contraire de la thèse !** Dans cet exemple, l'objectif de l'antithèse est de montrer pourquoi les MOOC, malgré leurs qualités présentées dans la première partie, ne peuvent pas concurrencer les masters.

Activité 5 page 35

Ce plan présente 2 problèmes différents :

1. L'ordre des arguments : dans la première partie, il me semble plus logique de respecter l'ordre suivant :

   1. Développement des MOOC
   2. Limites des MOOC

Pourquoi ? Dans ce type de plan, **la première partie a pour finalité de décrire le problème** pour ensuite en chercher les causes (2e partie). Le développement des MOOC n'est pas le plus important ici. Quelques informations générales suffisent en début de partie.

2. Les causes du problème ne sont pas toutes traitées. Dans la deuxième partie, on évoque les coûts de production. Mais dans la partie « Solutions », on les a oubliés ! C'est une erreur fréquente dans ce type de plan. N'oubliez pas que les 3 parties sont reliées et suivent un déroulement logique. La proposition de solutions doit découler des causes exposées dans la deuxième partie. Si vous ne trouvez pas de solutions, dites-le. Ou expliquez pourquoi une solution est difficile à trouver.

2. PRÉSENTER LE MONOLOGUE

Activité 1 page 40

Les mauvais conseils sont D et E.

Commentaires :

A. C'est bien de citer la source au début de votre introduction, même si ce n'est pas obligatoire. B. Vous pouvez rédiger votre introduction (complète ou seulement les premières phrases) si vous avez le temps. Cela peut vous aider à surmonter le stress du début de l'exposé. Mais attention, seulement l'introduction ! Pas le développement. C. L'utilisation du « nous », très formel, est réservée aux écrits académiques. D. Exposer tout de suite votre opinion dans l'introduction est une mauvaise idée. Il vaut mieux l'exposer **progressivement**, à l'aide d'arguments et d'exemples, et la résumer en conclusion. E. Présentez en une ou deux phrases le contenu de l'article (le problème qu'il évoque), mais ne le résumez pas. Vous ne faites pas un exercice de compréhension du document. F. En effet, dans votre présentation du problème, il est préférable d'utiliser vos propres mots, de reformuler l'idée générale du texte. Ne lisez pas le texte devant les examinateurs.

Activité 2 page 40

1. A et C ; 2. E ; 3. B, D et F

Activité 3 page 40

1. E ; 2. C ; 3. A ; 4. D ; 5. G ; 6. B ; 7. F.

Activité 4 page 41

Réponses libres.

Activité 1 page 42

A.1 ou 3 ; B.2 ; C.3. ; D. 1

Commentaires :

Le développement d'un argument est assez libre à l'oral. L'argument principal peut être exposé au début ou à la fin comme une conclusion. L'important est de l'annoncer clairement. Notre exemple comprend 2 arguments secondaires : faible motivation + gratuité des cours. Mais il peut y en avoir plus. Attention seulement à **bien équilibrer les différentes parties** de votre développement et à bien vous organiser pour avoir le temps de tout dire ! Les exemples sont très importants, car ils apportent une preuve à votre argument. Prenez toujours des exemples concrets et précis.

Activité 2 page 43

Argument principal : l'évaluation proposée par les MOOC est insuffisante.

Argument secondaire 1 : les tests proposés ne peuvent pas vraiment évaluer une compétence.

Exemple : seuls des quiz sont proposés, au lieu d'une activité ouverte comme la rédaction d'un texte ou la réalisation d'un projet.

Argument secondaire 2 : les risques de fraude sont élevés dans une évaluation à distance.

Exemple : sans dispositif de surveillance, l'étudiant peut obtenir l'aide qu'il veut pour réussir le test.

Activité 1 page 44

Réponses libres.

CORRIGÉS

Activité 2 page 45

A. Selon moi ; de mon point de vue. B. J'estime que ; je trouve que. C. En ce qui me concerne ; quant à moi. D. favorable à. E. J'ai l'impression que ; il me semble que.

Activité 3 page 45

A. Je ne pense pas que les étudiants *veuillent* changer de méthode pédagogique. B. Je n'ai pas l'impression que les MOOC *aient* de l'avenir. C. Il ne me semble pas que les abandons *soient* nombreux. D. Je ne trouve pas que les MOOC *fassent* beaucoup parler d'eux pour rien.

Activité 4 page 45

Quelques exemples de formulations :

— J'estime que les MOOC pourraient remplacer les masters.

— Selon moi, les MOOC pourraient remplacer les masters.

— Je ne pense pas que les MOOC puissent remplacer les masters.

Activité 5 page 45

Réponses libres.

Activité 6 page 46

Les bonnes expressions sont A, C, E, H, I.

Commentaires :

B et F servent à introduire des exemples généraux, des faits objectifs qui ne me concernent pas directement. D est une phrase de transition qui permet de passer à un autre argument ou une autre partie. G est une expression qui permet d'apporter des précisions, de reformuler une idée que je viens d'exprimer.

Activité 7 page 46

A. Je me souviens, *à (quand j'avais)* 35 ans, j'ai voulu reprendre des études. Mais ce n'était pas simple *à ce moment-là*, car je travaillais à temps plein.

B. *Il y a* 2 ans, j'ai suivi un MOOC sur la gestion de projet. J'aimais beaucoup *quand (lorsqu')* il y avait des conférences en direct, mais le reste du temps, c'était un peu ennuyeux.

C. Cela me rappelle l'année *où (quand)* j'ai suivi mon master à distance. Les cours en ligne n'étaient pas encore très évolués *à cette époque-là (cette année-là)*.

D. Je me rappelle, la première fois que j'ai suivi un cours en ligne, *c'était en 2012*. J'avais obtenu mon master l'année *précédente*. C'était vraiment difficile et *au moment (le jour)* du test final, on n'était plus que 10 % des inscrits !

Activité 8 page 47

Pour prendre un exemple personnel, quand *j'avais* 31 ans, *j'ai repris* des études. *J'avais décroché* un nouveau poste l'année précédente et mon travail *était* très prenant. Par conséquent, *j'ai choisi* de suivre des cours en ligne. *J'aurais préféré* trouver des cours gratuits, mais les MOOC n'*existaient* pas encore à cette époque-là et *j'ai dû* m'inscrire à un cursus payant. Mais je ne le regrette pas. Après *avoir obtenu* mon diplôme, *j'ai réussi* à trouver un meilleur poste !

Activité 9 page 47

Réponses libres.

Activité 10 page 48

Cause	s'expliquer par + nom ; avoir pour origine + nom ; découler de + nom ; être dû à + nom
Conséquence	faciliter + nom ; favoriser + nom ; permettre de + infinitif ; être responsable de + nom ; affecter + nom ; entraîner + nom ;

Activité 11 page 48

Par exemple :

— Le succès des masters *s'explique par* leurs frais d'inscription, qui sont restés abordables.

— Le succès des masters *a pour origine* une forte demande de diplômes sur le marché du travail.

— Le succès des masters *est dû* en grande partie *à* la qualité des enseignements.

CORRIGÉS

Activité 12 page 49

Valeurs	Verbes
Positif	*avoir pour conséquence de + infinitif ; contribuer à + nom (ou infinitif) ; permettre de + infinitif ; favoriser + nom ; faciliter + nom*
Neutre	*avoir pour effet de + infinitif ; être à l'origine de + nom ; avoir pour conséquence de + infinitif*
Négatif	*provoquer + nom ; déclencher + nom ; être responsable de + nom ; affecter + nom ; entraîner + nom ; causer + nom ;*

Activité 13 page 49

Par exemple : La concurrence des MOOC *entraînera* la disparition de certains masters dans les universités. La disparition de certains masters *aura pour effet* d'inquiéter le ministère de l'Enseignement supérieur. L'inquiétude du ministère de l'Enseignement supérieur *permettra de* définir une nouvelle politique en faveur des masters.

Activité 14 page 50

Ce sont les phrases B et D.

Commentaires :

La phrase B exprime une cause. Elle signifie que *le succès des masters est dû à la valeur du diplôme*. La phrase D, avec son adjectif « inefficace », *critique* une solution.

Activité 15 page 50

La plupart de ces verbes sont au **conditionnel présent.** Ce sont des propositions, des suggestions. Donc elles expriment des faits qui ne sont pas encore réels, qui n'existent pas encore. Il faut donc un mode, le conditionnel, qui exprime **l'irréel du présent.**

Activité 16 page 50

A. 2 ; B. 1 ; C. 4 ; D. 5 ; E. 3

Commentaires :

D. 1 est correct grammaticalement, mais pour le sens, cette phrase ne propose pas de solution concrète. Elle exprime seulement la nécessité d'une solution !

CORRIGÉS

Pour aller plus loin, je vous conseille d'observer d'autres constructions de phrases qui se trouvent dans l'activité 13. Par exemple, *préconiser de + infinitif.*

Activité 17 page 51

Par exemple :

— Il *faudrait* vérifier la motivation des étudiants dès le début du cours.

— Imposer un planning strict *constituerait*, à mon avis, *une mesure efficace*.

— Les organisateurs du cours *pourraient* récompenser les étudiants les plus assidus.

Activité 1 page 52

Les bonnes phrases sont B, C et D.

Commentaires :

La phrase A est trop « scolaire. » Évitez les mots qui parlent de la technique de l'exposé : *introduction, partie, thèse, synthèse, etc.* La phrase E sert à annoncer le plan. La phrase F sert à introduire un exemple.

Activité 2 page 52

A. solutions ; B. aspect ; C. atouts (points forts) ; D. avantages ; E. causes

Activité 3 page 53

Voir : *analyser, considérer, étudier, examiner...* Passer : *aborder, venir...*

Activité 1 page 54

De nombreuses combinaisons sont possibles, par exemple :

En 2 temps :

— ... / De plus (le premier argument n'est pas introduit par un connecteur)

— D'une part / D'autre part

— En premier lieu / En second lieu

En 3 temps :

— Tout d'abord / De plus / En outre

— Dans un premier temps / Ensuite / Pour terminer

— En premier lieu / De même / Enfin

CORRIGÉS

Activité 2 page 54

Plusieurs réponses sont possibles. Voici des exemples.

A. Le succès des MOOC peut s'expliquer, *d'une part* par leur flexibilité et *d'autre part*, par le besoin du public de se former toute la vie. B. Qu'est-ce qui distingue un MOOC d'un cours en ligne classique ? *Tout d'abord*, il est ouvert à tous. *De plus*, il accueille beaucoup d'étudiants. *Pour terminer*, il est gratuit. C. Les MOOC vont sans doute changer dans un avenir proche. *De même*, les masters devront s'adapter aux évolutions de la société. D. Je suis tout à fait favorable au développement des cours en ligne massifs. *Le premier avantage*, c'est qu'ils permettent d'étudier où on veut. *Le second (deuxième) avantage*, c'est qu'ils proposent des certificats qui peuvent aider à trouver un emploi.

Activité 1 page 54 (Connecteurs logiques)

Opposition	A. *En revanche* + *au contraire, en revanche, par contre...*
Restriction	D. *Pourtant* + *cependant, toutefois, en fait, en réalité...*
Explication	E. *En effet* + *d'ailleurs, car, c'est-à-dire...*
Conséquence	C. *C'est pourquoi* + *de ce fait, c'est pourquoi, donc...*
Exemple	B. *comme* + *ainsi, par exemple, tel est le cas de...*

Activité 2 page 55

Plusieurs réponses sont possibles, voici des exemples.

A. Dans le futur, les MOOC et les masters devront être complémentaires, *car* ils répondent à des besoins très différents. B. Si les abandons aux MOOCS sont dus au manque de contrainte, il faudrait *par conséquent* sélectionner davantage à l'entrée. C. Le succès des MOOC serait dû à leur innovation sur le plan pédagogique. *En fait*, leurs programmes sont souvent très classiques. D. La plupart des certificats n'ont pas de valeur autre que symbolique. *Par contre*, un cours comme le MOOC Gestion de projet délivre des crédits ECTS. *Donc* il peut s'intégrer dans un cursus classique. E. Les cours en ligne offrent de nombreux avantages. *Pourtant*, ils ne peuvent pas convenir à tout le monde.

CORRIGÉS

Activité 3 page 55

Les connecteurs en italiques sont corrects. Les connecteurs incorrects sont en gras et remplacés entre parenthèses.

« Venons-en à présent aux avantages des cours en ligne ouverts à tous. En ce qui concerne les universités *tout d'abord*, cela constitue un excellent moyen de promouvoir leurs cursus. **En fait (En effet)**, les MOOC permettent d'attirer un nombre considérable d'étudiants. **Par conséquent (Par ailleurs)**, ils constituent un excellent moyen de tester de nouvelles formations ou de nouvelles méthodes pédagogiques, *comme* la réalisation de projets collectifs à distance.

Pour les étudiants **en dernier lieu (ensuite)**, ces cours en ligne, grâce à la gratuité, offrent une solution économique afin de développer leurs compétences. *De plus*, leur flexibilité les rend très accessibles, y compris pour les personnes qui travaillent. **En effet (Toutefois)**, cette liberté donnée aux inscrits peut aussi poser problème, *car* tous n'ont pas la discipline nécessaire pour terminer le cours. **Tel (Ainsi)**, le nombre d'abandons est très élevé, jusqu'à 90 % pour certaines formations.

Quant aux entreprises, certaines verraient dans ce type de cours une solution efficace pour former les salariés sur leur lieu de travail. **En revanche (c'est pourquoi)**, on peut constater une augmentation des investissements. *Tel est le cas* en particulier des formations en marketing ou en gestion de projet. **De ce fait (Par contre)**, les partenariats avec les universités ont encore du mal à se développer.

Commentaires :

Premier paragraphe : *En fait* sert à contester la phrase précédente. Mais la phrase ici explique « un moyen de promouvoir leur cursus ». Donc *En effet*. *Par ailleurs* introduit un deuxième avantage des MOOC pour les universités (après le moyen de promotion).

Deuxième paragraphe : *en dernier lieu* est impossible puisque les étudiants représentent la 2e catégorie dans une série de 3. Autrement dit, la partie qui développe les avantages suit une progression en 3 temps. Nous sommes ici au 2e, donc il faut utiliser un connecteur comme *ensuite*. *Toutefois* introduit une **restriction** : la flexibilité est un avantage qui peut aussi devenir un inconvénient. *Tel* introduit bien un exemple, mais sa construction est fautive ici, car il doit être suivi d'un nom, pas d'une phrase complète.

Troisième paragraphe : *Quant à* + *nom* permet d'introduire le dernier élément d'une liste, ici la 3e catégorie (les entreprises) qui bénéficient des avantages des MOOC. *C'est pourquoi* marque la relation de **conséquence** entre les 2 phrases. Les MOOC sont efficaces DONC les entreprises y investissent. *Par contre* introduit une **opposition** entre l'augmentation des investissements et le faible développement des partenariats.

CORRIGÉS

Activité 1 page 57

A. Les 2 bonnes réponses sont 3 et 6.

Commentaires :

Vous devez donc d'abord répondre, très clairement, à la problématique que vous avez posée dans l'introduction. Ensuite, vous récapitulez les arguments principaux qui vous ont conduit à votre opinion. Il est interdit d'ajouter ou de corriger des arguments. De plus, il ne faut pas répéter les phrases que vous avez déjà utilisées pendant votre développement. Vous devez résumer vos arguments avec d'autres mots. Il peut être intéressant, dans un autre contexte, de poser une question pour lancer un débat, par exemple. Mais en réalité, à l'oral du DELF, c'est plutôt l'examinateur qui pose les questions, car le but est de vous faire parler !

B. Les bonnes réponses sont 2, 3, 4 et 6.

Commentaires :

Attention ! On utilise *enfin* pour terminer une série d'arguments ou d'exemples. *En d'autres termes* sert à présenter une reformulation, à exprimer la même idée avec d'autres mots.

Activité 2 page 57

1.D ; 2.E ; 3.B ; 4.G ; 5. A ; 6.F ; 7.C

Activité 3 page 58

Réponses libres.

3. CONTRÔLER SA PRODUCTION

Activité 1 page 66

On peut établir cette liste de vérification en suivant **le modèle des 3 P.**

1. Présentation

— Source du document

— Reformulation des informations principales

2. Problématique

— Choix pertinent selon le problème posé dans le document

— Question clairement formulée

3. Plan

— Annonce des 2 ou 3 parties du développement

— Utilisation de connecteurs : En premier lieu...

Activité 2 page 66

1. Présentation

Source du document : OK

Reformulation des informations principales : insuffisante. Seulement une phrase : « *l'auteur se pose la question si les MOOC seraient des concurrents potentiels des masters.* » Il faudrait développer un peu, par exemple expliquer ce qu'est un MOOC, leur fort développement...

2. Problématique

Choix pertinent : OK.

Question clairement formulée : non. La candidate confond en une seule phrase (voir ci-dessus) la reformulation de l'information principale et la problématique : « *pour répondre à cette question.* » C'est un peu maladroit. Il faudrait poser clairement une problématique personnelle avec une autre phrase.

3. Plan

Annonce des 2 ou 3 parties du développement : OK. Annonce 2 parties avec *nous verrons...*

Utilisation de connecteurs : OK. *Dans un premier temps... puis... cependant...*

Activité 3 page 66

1. Peut présenter un point de vue...

A. Peut exprimer clairement une opinion générale : l'opinion est clairement exprimée dans la conclusion : « *pour le moment, je pense que les MOOC ne seront pas des concurrents des masters, ils sont plutôt un outil complémentaire.* »

B. Peut sélectionner des arguments pertinents : la première partie est trop descriptive et comprend très peu d'arguments. On comprend, par un long exemple personnel, que les MOOC sont enrichissants, mais cela reste peu argumenté. En revanche, on relève plus d'arguments, très pertinents, dans la deuxième partie : la durée des MOOC, les limites de l'évaluation par les pairs...

C. Peut développer des arguments de manière détaillée : l'argumentation est assez inégale. Les idées ne sont pas vraiment développées dans la première partie. C'est mieux dans la deuxième, mais la candidate aurait pu essayer

CORRIGÉS

d'expliquer davantage les problèmes d'évaluation dans les MOOC. En général, on peut reprocher à cet exposé d'être trop informatif.

D. Peut illustrer ses arguments par des faits et des exemples précis : les exemples sont pertinents, très bien décrits et très concrets. Malheureusement, ils sont trop développés au détriment de l'argumentation. Par exemple, dans la première partie, la candidate décrit trop longuement les activités du MOOC auquel elle a participé, sans en tirer des arguments précis concernant les avantages de ce type de cours en général. De même, l'exemple de la philologie romane de la 2e partie est inutilement détaillé. Bref, la candidate a des difficultés à tirer d'exemples personnels des conclusions plus générales.

2. Peut marquer clairement les relations entre les idées...

A. Peut marquer les différentes parties du monologue par des transitions : c'est bien ! La première partie commence par une question : « *qu'est-ce qu'un MOOC ?* » Le passage à la 2e partie est bien marqué par cette phrase : « *Voyons maintenant quelles sont les limites des MOOC.* » La conclusion est bien annoncée par « *en définitive* ».

B. Peut enchaîner des arguments logiquement et sans répétition : dans la première partie, la candidate commence par une définition des MOOC (qui serait mieux en introduction). Puis elle passe à un exemple personnel sans clairement annoncer ses arguments. Dans la deuxième partie, on ne voit pas très bien la relation logique entre l'argument 1 (limites de temps) et l'argument 2 (l'attestation). D'ailleurs, l'argument de l'attestation est répété un peu plus loin dans la partie. Bref, il faudrait retravailler le plan en sélectionnant 2 ou 3 arguments bien enchaînés et détaillés.

C. Peut relier des arguments par des connecteurs assez variés : là encore, on peut remarquer une inégalité entre les 2 parties du développement. La première comprend très peu de connecteurs, on peut relever un « c'est pourquoi ». La deuxième partie en revanche est mieux pourvue : « *tout d'abord* » « *alors* », « *en revanche* » ...

Activité 1 page 70

A. Les MOOC n'ont aucune chance de concurrencer les masters. En effet, *ils* ne peuvent pas attribuer de certifications reconnues par l'État. (Pronom personnel)

B. De nombreux étudiants n'arrivent pas à terminer les cours, car c'est sans réelle motivation qu'ils s'*y* inscrivent. (Pronom complément d'objet indirect)

C. Certains enseignants craignent les MOOC, *qui* pourraient bouleverser leurs habitudes de travail. (Pronom relatif)

D. Les masters ont connu un essor aussi important ces dernières années. *Ces diplômes*, en effet, sont largement demandés sur le marché du travail. (Concept)

CORRIGÉS

Activité 2 page 70

A. Je ne pense pas que faire payer l'inscription aux MOOC *soit* une bonne idée. B. Les publics *auxquels* les MOOC s'adressent sont volontaires et très motivés. C. J'ai déjà suivi un cours en ligne dans le but *d'apprendre* des notions de comptabilité. D. Il est presque impossible qu'un étudiant *finisse* un MOOC sans accompagnement pédagogique. E. C'est plutôt une complémentarité entre les 2 types de cours *qu'il* est nécessaire de trouver.

Commentaires :

Attention à bien revoir quels verbes sont suivis de l'indicatif ou du subjonctif.

Phrase B : *s'adresser à*. C'est un complément d'objet indirect. Phrase C : les sujets des verbes *suivre* et *apprendre* étant identiques, il faut donc utiliser l'infinitif. Phrase E : le mot *complémentarité* est complément d'objet direct du verbe *trouver*. Il faut donc utiliser le pronom relatif *que*.

Activité 3 page 70

A. Certains enseignants refusent *de* mettre leurs cours en ligne accessibles à tous. B. Si les MOOC offraient des certifications de niveau BAC +5, les masters *devraient* se remettre en question. C. Aujourd'hui, la technologie n'interdit plus *aux* étudiants de passer des examens à distance. D. Je ne suis pas certain que tout le monde soit prêt *à* suivre des cours en ligne. E. En ce qui concerne les MOOC, je pense qu'on *leur* donne trop d'importance.

Commentaires :

Vous avez là des exemples d'erreurs très fréquentes :

— les verbes et les adjectifs construits avec les prépositions *à* ou *de* ;

— les constructions particulières de verbes à double complément comme interdire, permettre, autoriser ;

— les verbes construits avec un COD ou un COI ;

— le choix du mode d'un verbe : dans la phrase B, il s'agit d'une hypothèse. Le premier verbe étant à l'imparfait, le second doit être au conditionnel présent.

Activité 4 page 71

A. Quand j'ai *obtenu* mon diplôme en 2003, je ne pensais pas qu'un jour je reprendrais des études. B. Je n'ai encore jamais *suivi* de cours en ligne, mais j'aimerais bien essayer. C. L'auteur de cet article *affirme* que les MOOC ont connu un développement considérable. D. Beaucoup d'étudiants ne se *montrent* pas favorables à l'évaluation par les pairs. E. Il *existe* encore trop de différences entre les MOOC et les masters.

CORRIGÉS

Activité 5 page 71

A. Les MOOC *rencontrent* encore des difficultés techniques qui empêchent leur développement. B. Heureusement, dans ce cours en ligne j'ai pu *bénéficier* de l'aide d'autres étudiants meilleurs que moi. C. Ce n'est pas en mettant des MOOC à la chaîne que l'on pourra *élaborer* des cursus cohérents. D. Si les masters *se trouvent* en situation de concurrence, ils devront redéfinir leur offre de formation. E. L'année dernière, j'ai suivi un cours en ligne qui *comprenait* des activités d'autoévaluation.

Activité 6 page 72

Les erreurs sont en italique et la forme correcte entre parenthèses.

Il y 2 ans j'ai suivi *le* (UN) cours en ligne qui accueillait plus de 20 000 étudiants. Il était organisé par une université américaine, mais heureusement je pratique l'anglais depuis longtemps. Les leçons en vidéo étaient très intéressantes, mais les activités manquaient *de l'* (D') interactivité, car c'étaient presque uniquement *de* (DES) quiz. Très peu *des* (D') étudiants ont eu *du* (LE) courage de finir le cours. La motivation reste *le* (UN) problème important dans les cours en ligne en général.

Commentaires :

— *un cours en ligne* : il en existe beaucoup sur Internet et celui-ci n'est pas encore défini dans le texte.

— *manquait d'interactivité* : quand le verbe *manquer de* est suivi d'un partitif, on supprime l'article.

— *des quiz* : le mot est précédé d'un adverbe qui ne change pas la nature de l'article.

— *très peu d'étudiants* : après les mots qui expriment une quantité, on supprime l'article.

— *le courage de finir* : avoir du courage (partitif), mais *avoir le courage de faire quelque chose*.

— *un problème important* : ce n'est pas l'unique problème, donc on doit utiliser un article indéfini.

PRODUCTIONS LIBRES

Modèle du sujet 1 page 75

Cet article évoque un problème souvent débattu dans la presse, à savoir le stress dans la vie quotidienne. L'auteure exprime un doute concernant le rêve de supprimer le stress. Il ferait partie de la vie et la meilleure solution serait d'apprendre à vivre avec.

Problématique possible : *une vie sans stress est-elle possible ?*

Exemple de **plan dialectique** en 3 parties :

I. Le stress, cet ennemi moderne ?

Dans cette première partie, on montre que le stress a envahi notre quotidien. On peut essayer dans un premier temps d'en déterminer les causes, puis dans un deuxième temps d'analyser les solutions généralement proposées.

1. Le stress au quotidien

1.1. Travailler plus : des entreprises toujours plus exigeantes, salariés connectés en permanence, peur du chômage...

1.2. Consommer plus : besoins toujours plus grands, complexité de la vie quotidienne...

2. Objectif zéro stress ?

2.1. Le business du stress : abondance des méthodes et des conseils dans les médias, les livres, etc.

2.2. De nouvelles utopies : l'exemple de personnes qui partent vivre dans un lieu isolé, qui cherchent une vie sans travail, sans technologie...

II. Un mal inévitable ?

Dans cette deuxième partie, on essaie de montrer que le stress fait partie de l'existence et que sa suppression n'est pas souhaitable.

1. Contradictions actuelles

1.1. Recherche d'une vie épanouie : incitations pour une vie meilleure, toujours plus de performance...

1.2. Refus du stress : ce stress est pourtant la conséquence directe de nos ambitions.

2. Vivre c'est désirer

2.1. L'instabilité de la vie : une vie est faite de hauts et de bas, la paix absolue n'existe pas...

2.2. Une vie sans désir ? La tranquillité parfaite comme refus de vivre, fuite devant les réalités de l'existence...

III. À la recherche d'un équilibre

Dans cette troisième partie, on cherche des solutions qui permettraient à tout individu de trouver un équilibre intérieur plus satisfaisant.

CORRIGÉS

1. Adopter une vision plus réaliste

1.1. Accepter les contradictions de la vie : oublier le rêve d'une vie sans stress...

1.2. Reconnaître le « bon stress » qui peut rendre la vie plus intéressante...

2. Agir sur les causes du stress

2.1. Éviter le mauvais stress qu'entraîne la recherche de possessions inutiles ; plus de simplicité...

2.2. S'occuper plus des autres : apprendre à « sortir de soi », à s'oublier de temps en temps...

Modèle du sujet 2 page 76

Cet article évoque le problème que pose encore aujourd'hui le *statut* du jeu vidéo. Pour l'auteur, il est devenu un art comme les autres, même si cela prendra encore beaucoup de temps pour qu'il soit vraiment reconnu.

Exemple de problématique possible : *peut-on considérer le jeu vidéo comme un art ?*

Exemple de **plan dialectique** en 2 parties :

I. Une référence culturelle

1. Le jeu vidéo comme pratique culturelle

1.1. Grande place dans la vie quotidienne : loisir préféré des Français de moins de 50 ans.

1.2. Grande popularité : désormais connu du grand public ; nombreux sujets dans les médias.

2. Le jeu vidéo comme pratique artistique

2.1. Une technique très évoluée : graphismes très réalistes, jeux de stratégie très sophistiqués...

2.2. Le jeu comme source d'inspiration : collaboration avec d'autres arts « nobles » comme le cinéma (*Assassin's creed*), la littérature...

II. Un art encore mineur ?

1. Mauvaise réputation

1.1. Un loisir parfois critiqué : de nombreux médias évoquent ses pratiques violentes, ses influences néfastes comme l'addiction...

1.2. Une exception française : en France, distinction forte entre art et divertissement, entre culture populaire et culture sérieuse.

2. Encore un peu de patience !

2.1. Un art encore jeune : prendre les exemples très instructifs du cinéma et de la bande dessinée à leurs débuts, leur reconnaissance a pris beaucoup de temps.

2.2. Une révolution ? La reconnaissance du jeu vidéo nécessitera sans doute une révolution des mentalités, car il n'est pas habituel d'associer un jeu à une œuvre d'art.

Modèle du sujet 3 page 76

Le problème posé est celui du développement d'un nouveau modèle économique, appelé *ubérisation*, du nom de l'entreprise Uber, qui met en relation directe, via une application mobile, des personnes qui ont besoin de se déplacer et des chauffeurs. Malgré les débats que ce modèle provoque, l'auteur de l'article affirme qu'il ne doit pas nous faire peur, qu'il réussira à satisfaire tout le monde dans l'avenir.

Exemple de problématique possible : *faut-il avoir peur de l'ubérisation ?*

Exemple de **plan dialectique** simple (type avantages et inconvénients) en 2 parties :

I. Le succès de l'ubérisation

Dans cette première partie, il s'agit de montrer pour quelles raisons Uber peut créer des richesses.

1. L'essor du numérique

1.1. Généralisation des smartphones : prix accessibles, simples à utiliser, outils devenus indispensables dans la vie quotidienne, etc.

1.2. Boom des applications mobiles : grâce au haut débit, à la géolocalisation, etc.

2. Réponse à des besoins

2.1. Côté clients : service simple et pratique à utiliser, beaucoup moins cher qu'un service traditionnel...

2.2. Côté fournisseurs de services : permet à tout le monde de gagner de l'argent en louant sa voiture (avec Drivy), en louant son appartement pour les vacances (avec Airbnb) ...

II. Un modèle destructeur ?

Dans cette seconde partie, on veut montrer que dans son état actuel, ce modèle économique peut aussi être très destructeur.

1. Concurrence déloyale ?

1.1. Normes : les nouvelles entreprises ne sont pas soumises aux mêmes normes (sécurité, hygiène...) que les entreprises classiques qui doivent y consacrer beaucoup d'argent.

1.2. Conditions de travail : les nouvelles entreprises fonctionnent souvent hors du droit du travail. Par exemple, elles ne doivent pas verser de salaire minimum aux travailleurs.

2. Freins au développement

2.1. Insatisfaction de certains fournisseurs : précarisation de l'emploi des chauffeurs de taxi (plus d'heures de travail pour moins de revenus) alors que les clients eux sont satisfaits, donc existence d'un déséquilibre.

2.2. Problèmes juridiques : Uber devenu illégal dans certains pays comme la France pour son non-respect du droit du travail. Dans d'autres pays comme le Danemark, c'est Uber qui décide de partir à cause d'une nouvelle loi qui lui fera perdre de l'argent.

En conclusion : oui, il faut avoir peur de l'ubérisation pour le moment, car c'est un modèle économique encore en évolution, dont on ne mesure pas encore toutes les conséquences. Il faut attendre de pouvoir vérifier s'il va évoluer positivement comme l'affirme l'auteur de l'article.

Modèle du sujet 4 page 77

Cet article décrit une solution au problème du gaspillage alimentaire. Il s'agit d'une application mobile, appelée *Too Good To Go*, qui met en relation des commerçants et des clients qui veulent acheter des invendus.

Exemple de problématique : *comment lutter efficacement contre le gaspillage alimentaire ?*

Exemple de **plan par résolution de problème** :

I. Le scandale du gaspillage alimentaire

1. Une situation catastrophique

1.1. Professionnels : selon les chiffres du ministère français de l'Agriculture, 4 millions de tonnes de nourriture sont jetées par les commerces et les restaurants.

1.2. Consommateurs : de nombreux produits non consommés partent à la poubelle...

2. Conséquences

2.1. Sur le budget des familles : argent gaspillé à acheter de la nourriture non consommée...

2.2. Sur l'environnement : gaspillage de l'eau, des matières premières pour fabriquer les produits...

II. Causes du gaspillage

1. Moyens de production

1.1. Mauvaise gestion des stocks : production trop abondante, gestion des quotas, pertes dues au transport...

1.2. Pratiques marketing : on jette les fruits qui n'ont pas la bonne taille, la couleur que le client préfère...

1.3. Consommation de luxe : pour obtenir des produits de meilleure qualité, on jette une grande partie de la matière première...

2. Mentalité du consommateur

2.1. Incitation à l'achat : achats compulsifs, recherche des promotions...

2.2. Inconscience : manque de temps, mauvaise organisation, manque d'informations sur les dates de consommation...

III. Solutions proposées

1. Mieux encadrer la production et la distribution

1.1. Lois : interdire aux supermarchés de détruire les stocks invendus, obliger à distribuer aux associations caritatives...

1.2. Stimuler l'innovation : aider au développement d'entreprises innovantes comme *Too Good To Go*...

2. Sensibiliser le consommateur

2.1. Éducation à l'école : informer sur l'impact environnemental, apprendre à cuisiner les restes...

2.2. Informations du grand public : création d'une journée antigaspillage...

Modèle du sujet 5 page 77

Cet article évoque une nouvelle loi qui interdit tous les *châtiments corporels* (gifle, fessée...) dans les familles. Cette loi, perçue comme symbolique, sans réelle application, vient s'ajouter aux outils de prévention contre les violences familiales.

Exemple de problématique : *faut-il interdire les châtiments corporels ?*

Exemple de **plan dialectique** en 2 parties :

I. Pourquoi prévenir les violences familiales ?

Dans cette première partie, il s'agit de reconnaître l'importance du problème et la nécessité de trouver des solutions.

1. Des pratiques inadmissibles

CORRIGÉS

1.1. Violences familiales fréquentes : en France, les chiffres sur la maltraitance sont en augmentation...

1.2. Traditions encore vivaces : les parents reproduisent le même modèle d'éducation basée sur la punition...

2. Une évolution nécessaire

2.1. Efficacité éducative douteuse : l'enfant apprend-il réellement par des punitions corporelles ?

2.2. Effets négatifs à long terme : risques de traumatismes, de mauvais comportements quand l'enfant devient adulte...

II. Une loi inutile ?

Dans cette seconde partie, il s'agit de critiquer la nouvelle loi et de proposer d'autres solutions.

1. Une loi inapplicable

1.1. Contrôle impossible : comment contrôler à l'intérieur des familles ? Peut-on absolument croire un enfant qui dénonce un parent ?

1.2. Risques de dérives : est-il bon d'encourager un enfant à dénoncer ses parents ? Comment éviter que cette loi ne soit utilisée par un parent contre l'autre lors d'une demande de divorce ?

2. Responsabiliser les parents

2.1. Moins d'ingérence dans les familles : laisser aux parents le maximum de contrôle sur l'éducation de leurs enfants, trop d'intervention de l'État a pour effet de déresponsabiliser...

2.2. Mieux vaut prévenir que punir : renforcer des initiatives comme la journée de la non-violence, expliquer des méthodes d'éducation plus respectueuses de l'enfant, distribuer un livret à la cérémonie du mariage...

Modèle du sujet 6 page 78

L'article présente les résultats inquiétants d'une étude sur l'automatisation des métiers. En effet selon cette étude de nombreux emplois risquent d'être remplacés par des robots. Cependant, une autre étude vient nuancer ces résultats en démontrant que c'est plutôt une collaboration avec les robots qui se prépare.

Exemple de problématique possible : *les robots représentent-ils une menace pour l'emploi ?*

Exemple de **plan dialectique** en 3 parties :

CORRIGÉS

I. L'automatisation : des progrès inquiétants

Dans cette partie, il s'agit d'analyser la menace que représente l'automatisation.

1. C'est déjà le présent

1.1. Suppressions d'emplois dans l'industrie : la production en usine est déjà largement automatisée, par exemple dans l'industrie automobile...

1.2. L'essor du numérique : les progrès fulgurants de l'informatique depuis sa création, par exemple l'impression en 3 D...

2. Évolutions à venir

2.1. Développement toujours recherché par les industriels, car permet de réduire les coûts de production...

2.2. L'intelligence artificielle : recherches prometteuses qui vont toucher des secteurs que l'on pouvait croire protégés, comme les acteurs virtuels au cinéma, la rédaction d'articles de presse par des ordinateurs...

II. Vers une collaboration ?

Cette partie vient nuancer les arguments de la première partie. On y montre que de nombreux emplois ne sont pas menacés du fait des limites de la robotisation.

1. Besoins de savoir-faire

1.1. Tâche versus métier : un robot exécute des tâches répétitives, un métier demande des compétences complexes : coiffure, cuisine, etc.

1.2. Des auxiliaires, pas des remplaçants : les robots délivrent des tâches pénibles et permettent de se concentrer sur les tâches complexes...

2. Le contact humain

2.1. Différences entre secteurs : distinguer l'industrie et le secteur des services où la menace de l'automatisation est moins grande.

2.2. Métiers où le contact humain est indispensable : enseignant, conseiller, médecin... Là aussi, le robot collabore sur certaines tâches, mais il ne peut pas remplacer l'homme.

III. Le travail de demain

Dans cette partie, il s'agit d'aller plus loin en décrivant l'évolution probable du travail.

1. Nouveaux emplois

1.1. La destruction créatrice : selon ce principe, le développement de l'automatisation crée de la richesse qui crée plus de nouveaux emplois qu'elle

CORRIGÉS

n'en supprime.

1.2. Quels nouveaux emplois ? Pour commencer, les emplois liés à la robotisation (fabrication, maintenance…)

2. Nouvelles compétences

2.1. Compétences numériques : l'automatisation exige des compétences de haut niveau… Besoin de se former tout au long de la vie…

2.2. Anticiper : l'évolution est imprévisible, et comme toujours le manque d'informations représente un danger, en particulier pour les jeunes au moment de choisir un métier…

Modèle du sujet 7 page 78

Selon l'auteure de cet article, apprendre une langue étrangère n'aurait pas seulement un intérêt pratique, cela nous permettrait de développer une compétence culturelle et de devenir plus tolérants.

Exemple de problématique possible : *l'apprentissage des langues étrangères rend-il plus tolérant ?*

Exemple de **plan dialectique** en 2 parties.

I. Une ouverture aux autres

Cette partie montre, en accord avec l'auteure de l'article, qu'apprendre une langue étrangère peut développer d'autres capacités, en particulier pour comprendre d'autres cultures.

1. Le cerveau au travail

1.1. Compétences multiples : on sait que l'apprentissage d'une langue fait travailler le cerveau de nombreuses façons, il exerce la mémoire, les capacités d'analyse, etc.

1.2. Le cas des enfants bilingues : ils sont souvent considérés comme plus créatifs, ils réussissent généralement mieux leurs études…

2. Langue comme vision du monde

2.1. Une langue n'est pas seulement une grammaire : apprendre une autre langue, c'est apprendre une autre conception de la vie, de la société, etc.

2.2. Développement d'une compétence culturelle : cela développe une meilleure compréhension des autres, une meilleure acceptation des différences…

II. Des progrès à faire !

Cette partie démontre que la réalité est plus complexe. L'apprentissage des langues étrangères ne mène pas automatiquement à la tolérance.

CORRIGÉS

1. Une réalité très diverse

1.1. Diversité des motivations : nos sociétés encouragent les motivations pratiques comme faire des études à l'étranger, trouver un meilleur travail. Par conséquent, la tolérance n'est pas toujours l'objectif...

1.2. Diversités des méthodes : beaucoup d'enseignements aujourd'hui restent limités au domaine linguistique. Les activités culturelles y sont encore très limitées. Elles n'arrivent généralement qu'à communiquer des stéréotypes.

2. Rénover les méthodes

2.1. La tolérance n'est pas automatique : la tolérance à l'ambiguïté demande une conscience et un entraînement. Les méthodes pédagogiques qui incitent à comprendre tous les mots, à tout traduire empêchent le développement de cette tolérance.

2.2. Pour un enseignement interculturel : la compétence culturelle décrite par l'auteure est souhaitable, mais la développer demande du temps, des compétences et il est important de former les professeurs.

Modèle du sujet 8 page 79

Selon l'article, l'élevage serait la première cause du réchauffement climatique. L'augmentation de la consommation de viande entraînerait de multiples conséquences sur l'environnement : consommation d'eau excessive, déforestation, etc. Par conséquent, manger moins de viande permettrait de réduire le réchauffement climatique.

Exemple de problématique possible : *comment lutter contre le réchauffement climatique ?*

Exemple de **plan par résolution de problème** :

I. Une situation inquiétante

1. L'effet de serre

1.1. Un phénomène naturel qui permet de réguler les températures sur la planète.

1.2. Un phénomène déréglé par les émissions de gaz à effet de serre comme le dioxyde de carbone (CO_2) et le méthane...

2. Impacts dramatiques

2.1. Augmentation des températures : canicules meurtrières (en 2003 par exemple) ; les scientifiques prévoient une augmentation de 1.5 à 4.5 degrés d'ici l'année 2100.

2.2. Des pluies plus abondantes responsables d'inondations meurtrières.

2.3. Augmentation du niveau des mers due à la fonte des calottes polaires (30% depuis les années 80) : de nombreux territoires sont menacés de disparaître sous les eaux.

II. Causes du réchauffement climatique

Les causes sont en partie naturelles : le climat est soumis à des variations. Mais on observe une nette aggravation par l'homme à cause du rejet dans l'atmosphère de gaz à effet de serre :

1. Combustion de pétrole et de gaz

1.1. Activités industrielles : les fumées rejetées par les usines de production...

1.2. Transports : généralisation de l'automobile, développement du transport aérien...

2. Élevage intensif

2.1. Nette augmentation de la consommation de viande (2 fois plus en France que nos grands-parents).

2.2. Élevage toujours plus intensif pour répondre à cette demande, responsable de 15 % des gaz à effet de serre.

2.3. Le besoin de terres pour l'alimentation des animaux entraîne la déforestation. Or les arbres permettent d'absorber une partie du dioxyde de carbone.

III. Solutions

1. Sur le plan politique

1.1. Accords internationaux pour réduire les émissions de gaz à effet de serre.

1.2. Punir les pollueurs : le principe du pollueur-payeur (contraventions).

2. Sur le plan technologique

2.1. Réduire les rejets industriels et les pesticides dans l'agriculture...

2.2. Développer les énergies renouvelables : énergie éolienne, solaire...

3. Sur le plan individuel

3.1. Limiter l'usage de l'automobile : développer les vélos électriques...

3.2. Adopter une alimentation plus respectueuse de l'environnement : produits bio, moins de viande...

Modèle du sujet 9 page 79

L'article présente une action destinée à lutter contre les inégalités de salaires entre les hommes et les femmes. Le collectif féministe à l'origine de cette action invite toutes les femmes à cesser leur travail à une date et à une heure fixes pour bien montrer qu'à partir de ce moment, elles ne seront plus réellement payées.

Exemple de problématique : *peut-on réduire les inégalités au travail ?*

Exemple de **plan libre** en 2 parties :

I. Comment expliquer ces inégalités ?

1. L'orientation des études

1.1. Les métiers sont encore très déterminés par le genre : les femmes secrétaires, aux hommes les fonctions les plus élevées (combien de femmes chefs d'État dans le monde ?). Elles sont donc moins diplômées.

1.2. Les femmes sont généralement orientées vers des filières où les salaires sont les moins élevés : littéraires, sociales…

2. Les discriminations au travail

2.1. Les femmes travaillent moins : elles subissent davantage les contraintes familiales (enfants) donc elles gagnent moins d'argent et elles montent plus difficilement dans la hiérarchie.

2.2. Les femmes sont victimes de préjugés : à travail égal, elles gagnent moins que les hommes sans raison… explicite, surtout chez les cadres. Conceptions d'un autre âge selon lesquelles elles seraient moins productives sans doute…

2.3. Ou moyen simple de faire des économies pour les entreprises ?

II. Quelles mesures proposer ?

1. Briser les tabous en entreprise

1.1. Persistance des tabous : dans beaucoup de pays, comme la France, on ne communique pas son salaire.

1.2. Débats : provoquer des réunions pour parler ouvertement du problème.

2. Organiser des manifestations

2.1. Cesser le travail, comme le propose ce collectif, peut être très efficace, à condition qu'il soit suivi par le maximum de personnes !

2.2. Exiger une loi qui obligerait les employeurs à verser un salaire égal.

3. Reconsidérer l'orientation

3.1. Faire évoluer les mentalités des parents : c'est à eux d'abord de lutter contre les préjugés dans le choix d'une profession.

3.2. Encourager, voire imposer dans certains cas, la parité dans les filières scolaires et universitaires.

CORRIGÉS

Modèle du sujet 10 page 80

Cet article évoque le succès récent, sur YouTube, de vidéos où des personnes décrivent les courses qu'elles viennent de faire au supermarché. Ces vidéos auraient d'abord un intérêt pratique puisqu'elles donnent des idées d'achats. Mais elles auraient aussi un but éducatif dans le cas de certains régimes alimentaires, destinés aux sportifs ou aux végétariens... En fait, on peut les considérer comme des exemples d'une tendance plus large, où des vidéos portant sur la vie quotidienne rencontrent une audience inattendue.

Exemple de problématique possible : *comment expliquer le succès des youtubeurs ?*

Exemple de **plan dialectique** en 3 parties :

I. Des vidéos trop proches des gens ?

Dans cette partie, il s'agit de montrer, dans une première analyse, ce qui peut déplaire dans ces vidéos.

1. Une perte de temps ?

1.1. De nombreux sujets semblent sans intérêt : tout le monde peut poster des vidéos, mais tout le monde n'a pas quelque chose d'intéressant à dire...

1.2. Notre attention est partagée entre ce divertissement et les tâches que nous avons à faire. Qui n'a jamais eu l'impression d'avoir perdu sa soirée sur Internet ?

2. Des vidéos trop privées ?

2.1. On parle aujourd'hui de sujets personnels dont on n'aurait pas osé parler avant, comme la vie quotidienne dans la famille : budget mensuel, menus des repas...

2.2. Et on en parle en public : en publiant une vidéo intime sur un réseau social, on prend le risque d'être critiqué, voire insulté dans les commentaires...

II. De belles découvertes !

Dans cette partie, on montre l'intérêt que peuvent représenter ces vidéos.

1. La qualité augmente

1.1. Progrès technologique : les outils d'aujourd'hui, avec un peu d'apprentissage, permettent à tous de produire des vidéos de qualité professionnelle.

1.2. Créativité : les créateurs de vidéos sont toujours à la recherche de nouvelles idées, ils innovent.

2. Pour vivre mieux

2.1. Aspect pratique : le public apprécie ces vidéos pour leur côté pratique : comment cuisiner pas cher, etc.

2.2 Aspect social : on peut faire passer des messages, comme les bienfaits de l'alimentation bio...

III. Quelques hypothèses

Après avoir vu les avantages et les inconvénients de ce phénomène, on essaie dans cette partie d'aller plus loin en essayant d'expliquer son succès.

1. La parole à tous ?

1.1. Internet évolue : nous sommes à un stade qu'on appelle *web 2.0*, où les outils comme les blogs, les réseaux sociaux permettent à tout le monde de s'exprimer.

1.2. Plus d'assurance : on observe moins de timidité dans les jeunes générations. S'exprimer en public sur Internet est devenu plus naturel.

2. L'éducation de tous par tous ?

2.1. Internet est devenu notre source principale d'informations : c'est là qu'on cherche les réponses à toutes nos questions.

2.2. La multiplication des experts : Internet permet à tout le monde de partager ses passions, ses connaissances et d'obtenir une large audience grâce à sa réputation. Voir par exemple les booktubeurs qui prennent autant d'importance que les critiques de livres professionnels.

Modèle du sujet 11 page 80

Cet article annonce un partenariat entre le réseau social Facebook et des journaux français comme *Le Monde* pour lutter contre la diffusion de fausses informations, c'est-à-dire des informations destinées à tromper le public. Le dispositif adopté comprend, d'une part, une partie technologique qui permet de les repérer et de les communiquer aux journaux. D'autre part, une vérification humaine est effectuée par des journalistes.

Exemple de problématique possible : *comment lutter contre les fausses informations ?*

Exemple de **plan par résolution de problème** :

I. Situation

1. Augmentation inquiétante

1.1. Des informations à but mercantile (gagner de l'argent)

1.2. Des informations à but politique (manipuler l'opinion publique)

2. Conséquences

2.1. Dangers pour les personnes : on peut perdre de l'argent à cause de sites malveillants ou de *l'hameçonnage* (faux e-mail qui vous demande un mot de passe ou un numéro de carte bancaire).

2.2. Dangers sur le plan politique : perturbations d'une campagne électorale comme on l'a soupçonné aux Etats-Unis en 2016, en France en 2017...

II. Causes

1. Nouvelles technologies

1.1. Photographie numérique : il est devenu très facile de truquer des photos d'actualité.

1.2. Facilité de diffusion : tout le monde peut créer une information et la diffuser sous anonymat, il est donc très difficile de retrouver son auteur.

1.3. Viralité : les réseaux sociaux sont souvent accusés d'offrir des outils pour les diffuser rapidement et à un maximum de personnes.

2. Inconscience des internautes

2.1. Problème d'attention : on lit trop vite, on partage avec ses contacts sans réfléchir.

2.2. Manque de formation : peu d'internautes savent distinguer une information sérieuse d'une fausse information.

III. Solutions

1. Former le public

1.1. Développer *l'intelligence collective* : conscients du problème et bien formés, les internautes pourraient empêcher une fausse information de circuler.

1.2. Développer des modules à l'école pour apprendre à rechercher des informations sur Internet avec un œil critique.

2. Partenariat réseaux sociaux/journalistes

2.1. Importance de la vérification par des experts : les programmes informatiques ne suffisent pas...

2.2. Mais attention à créer un partenariat efficace qui puisse bénéficier à tout le monde : que gagneront les journalistes à travailler pour Facebook ?

Modèle du sujet 12 page 81

Ce texte résume un article paru dans le magazine *National Geographic*, selon lequel le réseau de partage de photos Instagram exercerait une forte influence sur les touristes. En effet, ceux-ci choisiraient leurs destinations en fonction des photos qu'ils ont admirées. Mais l'impact sur les sites touristiques serait en revanche très négatif.

Exemple de problématique possible : *les réseaux sociaux ont-ils un impact négatif sur le tourisme ?*

Exemple de **plan dialectique** en 2 parties :

I. Ce que les réseaux sociaux changent

1. Nouveaux moyens de recommandation

1.1. Avant : on choisissait ses destinations de voyage d'après les publicités, les brochures diffusées par les agences de tourisme, ou encore avec ses proches (famille, amis).

1.2. Maintenant : phénomène généralisé de recommandations entre clients sur les forums, les réseaux sociaux. Les avis des touristes sont devenus plus importants pour la décision d'achat. On recherche les témoignages vécus.

2. Voyager c'est communiquer

2.1. Les réseaux sociaux, ainsi que les smartphones, ont créé cette habitude de partager avec les autres, les photos de voyage ne sont plus seulement destinées à la famille, elles sont instantanément publiées sur Internet.

2.2. Les nouveaux influenceurs : des photographes développent une grande réputation (avec des millions d'abonnés) et en profitent parfois pour faire passer des messages utiles sur la protection de l'environnement, le respect des traditions locales dans les pays visités...

II. Les dérives possibles

1. Impacts sur les voyageurs

1.1. Partage ou narcissisme ? Est-ce que la plupart des touristes ne font pas ces photos simplement pour dire : *Regardez-moi, j'y suis ?*

1.2. Nouveau conformisme : l'expérience n'est pas vraiment personnelle, tout le monde fait les mêmes photos dans les mêmes poses (voir les photos qui sont prises devant la tour de Pise par exemple...)

1.3. Dangers du mimétisme : certains essaient de reproduire des photos qui ont été prises dans des situations dangereuses (en haut d'une montagne, au bord d'un fleuve...)

2. Impacts sur l'environnement

2.1. La *viralité* (diffusion massive en très peu de temps) sur les réseaux fait que des sites touristiques, d'habitude très calmes, sont soudainement envahis par les touristes. Cela pose d'énormes problèmes d'organisation et perturbe le quotidien des habitants.

2.2. Les modes passent très vite : l'intérêt pour un site disparaît rapidement au

CORRIGÉS

profit d'un autre, ce qui perturbe l'économie locale qui perd une importante source de revenus.

2.3. Risques de pollution : les lieux touristiques qui ne sont pas préparés à recevoir un nombre important de visiteurs ne peuvent pas protéger leur environnement.

4. L'ENTRETIEN

Activité 1 page 84

Réponses libres.

Activité 2 page 84

Réponses libres.

Activité 3 page 84

Demander des précisions	Questions D et E
Débattre d'un argument	Questions A et F
Aller plus loin	Questions B et C

Transcription :

A. Beaucoup d'étudiants trouvent les cours en ligne très ennuyeux. Êtes-vous du même avis ? B. De façon plus générale, pensez-vous que l'on puisse créer des universités entièrement en ligne ? C. Il reste un aspect que j'aimerais aborder avec vous, c'est le problème du prix de ces cours. D. Finalement, vous seriez plutôt favorable au développement des MOOC dans les universités ? E. Vous avez évoqué rapidement les difficultés de l'évaluation entre étudiants. Pourriez-vous nous donner un exemple ? F. Pensez-vous vraiment que le taux élevé des abandons soit dû à la paresse des étudiants ?

Activité 4 page 84

A.1 ; B.2 ; C.1 ; D.3 ; E.2 ; F.1

Transcription :

A. Je ne suis pas certain d'avoir compris la deuxième solution que vous proposiez. S'il s'agit bien de partager les coûts entre universités, comment peut-on procéder ? B. Et si on limitait le nombre d'étudiants dans les MOOC ? C. Est-ce qu'on observe le même phénomène au Maroc ? D. Pour ma part, je ne crois pas qu'augmenter le tarif des cours soit aussi facile. E. Et vous-même, est-ce que vous avez eu l'occasion de suivre ce genre de cours ? F. Comment voyez-vous les MOOC dans 10 ans ?

Activité 5 page 86

1. Demander des précisions

Formuler votre opinion finale : *donc, si j'ai bien compris, vous considérez le jeu vidéo comme un art à part entière ?*

Reformuler un argument : *vous affirmez que le jeu vidéo est un art noble. Pourriez-vous expliquer ce que vous entendez par là ?*

Parler plus concrètement d'une solution : *vous proposez de créer une académie du jeu vidéo... Quels seraient ses objectifs concrets ?*

Illustrer un argument par un exemple : *quand vous dîtes que les jeux vidéo d'aujourd'hui sont très réalistes, vous voulez parler du graphisme ou bien... ?*

Parler de votre expérience personnelle : *créateur de jeux vidéo, c'est une profession qui vous plairait ?*

2. Débattre de vos arguments

Exprimer un désaccord : *mais quand même un film, c'est plus beau qu'un jeu vidéo, non ?*

Critiquer une solution : *il y a déjà beaucoup de festivals du jeu vidéo, à quoi servirait d'en créer un de plus ?*

Demander votre opinion : *est-ce que vous pensez que le scénario est essentiel dans un jeu vidéo ?*

Demander votre sentiment : *la violence de certains jeux vidéo, cela ne vous inquiète pas ?*

Suggérer une solution : *et pourquoi ne pas ouvrir une académie consacrée au jeu vidéo ?*

3. Aller plus loin

Aborder un autre aspect du sujet : *vous n'avez pas évoqué l'aspect économique du jeu vidéo...*

Élargir le débat : *le jeu vidéo n'est pas le seul art qui ait des problèmes de reconnaissance. La BD également, non ?*

Comparer avec votre pays : *est-ce qu'on fait la même distinction entre culture et divertissement dans votre pays ?*

Imaginer le futur : *est-ce que vous pouvez imaginer un créateur de jeux vidéo à l'Académie française dans un avenir proche ?*

CORRIGÉS

Activité 6 page 87

A : L'examinateur exprime son désaccord. B : L'examinateur vous demande de reformuler un argument. C : L'examinateur critique une solution que vous avez proposée. D : L'examinateur vous demande votre sentiment. E : L'examinateur vous demande de parler plus concrètement d'une solution. F : L'examinateur vous demande votre opinion.

Transcription :

A. Je ne partage pas du tout votre opinion sur la mentalité des consommateurs en général. B. Si j'ai bien compris, la principale cause du gaspillage c'est l'irresponsabilité du consommateur. C'est bien cela ? C. J'ai des doutes sur l'efficacité d'une journée antigaspillage... Qui va réellement y participer ? D. Mais qu'une entreprise gagne de l'argent grâce au gaspillage alimentaire, cela ne vous choque pas ? E. Vous suggérez d'interdire aux grandes surfaces de détruire les invendus, c'est une bonne idée, je pense. Mais qu'est-ce qu'elles vont faire de tous ces stocks ? F. Les supermarchés vendent beaucoup trop de produits inutiles, vous ne trouvez pas ?

Activité 1 page 88

1.C ; 2.E ; 3.B ; 4.A ; 5.F ; 6.D

Transcription :

1. Croyez-vous vraiment que les robots vont remplacer les hommes dans un avenir proche ? 2. Et l'idée de travailler avec des robots, cela ne vous effraie pas un peu ? 3. Vous avez parlé de « destruction créatrice » ... Qu'entendez-vous par là ? 4. Vous ne pensez pas qu'on aura toujours besoin du contact humain ? 5. Et que pensez-vous d'une interdiction des robots dans certains secteurs professionnels ? 6. Comment imaginez-vous l'avenir dans votre secteur professionnel ?

Activité 2 page 89

1.B ; 2.E ; 3.D ; 4.C ; 5.A ; 6.F

Transcription :

1. Non, ce n'est pas ce que j'ai voulu dire. Je pensais au problème de l'orientation des jeunes aujourd'hui. Comment peuvent-ils savoir si tel ou tel emploi ne disparaîtra pas dans 10 ans ? 2. Non, je ne vois pas pourquoi il faudrait interdire les robots dans l'industrie. C'est une évolution inévitable. 3. Nous n'avons pas encore atteint une telle automatisation. Ici, beaucoup de tâches pénibles sont encore effectuées à la main. 4. Je ne crois pas que ce soit aussi compliqué que cela. Je reste convaincu qu'il suffirait de bien informer les travailleurs. 5. Je suis bien de votre avis. Les métiers de la traduction notamment seront les premiers touchés. 6. Honnêtement, toutes ces suppressions d'emploi dans l'industrie, ça me choque !

CORRIGÉS

Activité 3 page 90

Les bonnes réponses sont A, B, D, E et G.

Les expressions utilisées sont : *je pense vraiment que ; J'en suis convaincu ; C'est ce que je pense ; je crois réellement que ; je suis certain que.*

Commentaires :

Les phrases A et G font d'abord une concession, pour mieux confirmer l'argument ensuite. La phrase C exprime un accord, la phrase F un désaccord et la phrase H reformule un argument.

Activité 4 page 90

Réponses libres.

Transcription :

1. Croyez-vous vraiment que l'apprentissage de la tolérance soit facile ? 2. Mais tout de même, la grammaire et le vocabulaire sont plus importants à apprendre que les chansons, non ? 3. Donc vous continuez à penser qu'on n'apprend pas la langue d'un pays pour connaître sa culture ? 4. Ainsi vous ne voulez vraiment pas qu'on change les méthodes d'enseignement ?

Activité 5 page 91

A.4 ; B.2 ; C.1 ; D.5 ; E.3

Transcription :

1. Oui, tout à fait. Le risque est réel et il faut anticiper toutes les conséquences possibles de nos décisions. 2. Je ne suis pas du tout de cet avis. Il y a suffisamment d'études, très sérieuses, qui l'ont prouvé. 3. Non, je pense au contraire que les gens sont beaucoup plus conscients depuis quelques années et qu'ils sont prêts à agir à leur niveau. 4. Oui, je le pense également. C'est sans doute un peu ambitieux pour le moment. Cela prendra encore des années pour convaincre les gens. 5. Je ne vois pas pourquoi on devrait les réserver à quelques privilégiés. Tout le monde a le droit de voyager.

CORRIGÉS

Activité 6 page 91

Exprimer un accord	Oui, tout à fait. — Je le pense également. — Je suis du même avis. — Je pense comme vous. — Je le reconnais. — Je partage votre point de vue.
Exprimer un désaccord	Je ne suis pas du tout de cet avis. — Je pense au contraire que... — Je ne vois pas pourquoi... — Je ne partage pas votre opinion. — Je ne suis pas d'accord avec cette idée.

Activité 7 page 91

Réponses libres.

Transcription :

1. Certains hommes politiques préconisent les menus végétariens à l'école. Qu'en pensez-vous ? 2. En fait, réduire la consommation de viande est non seulement bon pour l'environnement, mais aussi pour la santé du consommateur. Vous n'êtes pas de cet avis ? 3. On entend souvent dire qu'il faut laisser les gens décider de circuler en voiture ou non, que cela relève de la responsabilité individuelle... 4. Finalement, développer les énergies propres serait encore la meilleure solution ?

Activité 8 page 92

Les expressions des sentiments sont nombreuses. Toutefois, on peut distinguer quelques structures fréquemment utilisées :

— Cela me + verbe : cela me choque, cela me révolte, cela me fait peur...

— Adjectif : je suis révolté, c'est décevant...

— Nom ou verbe + préposition : j'ai peur de, je m'inquiète pour...

— Verbe + subjonctif : j'ai peur que, je crains que...

Activité 9 page 92

A. L'attitude de certains employeurs est assez déplorable. B. C'est plutôt rassurant de voir que les mentalités commencent à changer. C. Je crains que l'action de ce collectif ne soit pas assez efficace. D. Quand je vois toutes ces discriminations au travail, cela me met vraiment en colère. E. Je trouve cette façon de faire des économies très choquante.

CORRIGÉS

Activité 10 page 92

Réponses libres.

Transcription :

1. Que pensez-vous de l'action de ce collectif ? 2. Et quand on encourage les filles à choisir des classes littéraires, est-ce que cela vous choque ? 3. Pourquoi estimez-vous qu'il faut d'abord changer la mentalité des parents ? 4. Si l'on vous dit que les femmes ne peuvent pas occuper les mêmes postes que les hommes, vous trouvez cela normal ?

Activité 11 page 93

A.3 ; B.1 ; C.4 ; D.2 ; E.5

Transcription :

1. Non, ce n'est pas tout à fait ce que j'ai voulu dire. Les limites ne sont plus aussi claires qu'avant parce que le matériel s'est beaucoup démocratisé, mais on fait encore des différences bien sûr. 2. Ce que j'ai voulu dire par là, c'est que tout le monde dispose des moyens techniques pour partager ses connaissances. En d'autres termes, c'est un mode d'éducation plus horizontal ou plus égalitaire si vous voulez. 3. Oui, ou plus exactement, que tout le monde peut acquérir une réputation dans son domaine de spécialité. 4. Oui, c'est cela. Autrement dit, c'est parce qu'elles répondent à une demande forte de conseils dans la vie quotidienne. 5. Je pensais en fait aux critiques littéraires, dont les vidéos sont très regardées parce qu'elles donnent des idées de lecture, bien sûr, mais sur un mode original.

Activité 12 page 93

Voici des exemples d'expressions pour introduire une reformulation :

— Ce n'est pas ce que j'ai voulu dire...

— Ce que j'ai voulu dire par là c'est que...

— En d'autres termes...

— Autrement dit...

— Plus exactement...

— Je pensais en fait à...

— Non, je me suis sans doute mal exprimé, je voulais dire que...

— Plus précisément...

— Pour le dire autrement...

— Il faudrait plutôt dire que...

CORRIGÉS

— Ce que je veux dire exactement, c'est que...

Activité 13 page 93

Réponses libres.

Transcription :

1. Je ne suis pas sûr d'avoir bien compris votre conclusion... Vous voulez dire qu'il faut laisser tout le monde s'exprimer, c'est bien ça ? 2. Vous affirmez qu'avec Internet la vie privée est devenue une marchandise. Que voulez-vous dire ? 3. Si je vous comprends bien, ces vidéos de courses au supermarché sont une forme de publicité déguisée ? 4. Vous avez dit qu'avec Internet la communication est plus horizontale. Pourriez-vous expliquer ce que vous entendez par là ?

Annexes

Thèmes essentiels

Pour réussir au DELF B2, vous devez posséder **une bonne gamme de vocabulaire sur les sujets relatifs à l'actualité.**

Voici les thèmes généraux les plus souvent rencontrés dans les 4 épreuves (compréhension écrite, compréhension orale, production écrite, production orale). Les sujets de l'examen s'inspirent souvent de l'actualité. Il est donc fortement conseillé de **développer votre vocabulaire sur ces thèmes :**

— Le monde du travail

— Les études

— La santé

— Les loisirs

— Les habitudes de consommation

— Les comportements alimentaires

— Les relations sociales

— Les relations familiales

— Le progrès scientifique

— L'apprentissage des langues

— L'environnement

— L'égalité homme/femme

— Les technologies de l'information et de la communication

— Les transports

— Les médias

— Le tourisme

Pour le thème de *l'environnement* par exemple, l'une des problématiques les plus traitées par les médias est le *réchauffement climatique*. Il est donc utile de connaître des expressions comme *pollution atmosphérique, effet de serre,* etc.

Fonctions essentielles

Pour réussir au DELF B2, vous devez posséder un vocabulaire assez étendu pour :

— décrire des faits avec précision ;

— exprimer votre point de vue ;

— développer une argumentation.

Plus précisément, voici les fonctions qu'il est nécessaire de connaître pour la production orale, avec un exemple pour chacune.

Exprimer un point de vue

En ce qui me concerne, je suis favorable à l'interdiction des drones.

Confirmer un point de vue

Je crois réellement que dans le futur, les robots auront remplacé les hommes au travail.

Exprimer un accord/un désaccord

Je suis entièrement d'accord avec vous. /Je ne suis pas de votre avis.

Exprimer un jugement positif/négatif

Les progrès dans ce domaine sont remarquables. /Cette solution me semble irréaliste.

Suggérer des solutions

Le gouvernement pourrait subventionner le développement d'applications similaires.

Exprimer une évolution

Le taux de chômage a nettement diminué ces 6 derniers mois.

Exprimer une cause

La pollution atmosphérique s'explique par l'augmentation du nombre de véhicules.

Exprimer une conséquence

Le changement climatique affecte déjà de nombreuses régions.

Exprimer un but

Il faudrait organiser une campagne d'information afin de sensibiliser le

Fonctions essentielles

public au gaspillage alimentaire.

Exprimer une concession

Je reconnais que cette solution sera difficile à faire accepter.

Exprimer une éventualité

Il est possible que le télétravail soit une solution d'avenir.

Formuler une hypothèse

Si le réchauffement climatique persistait, les archipels du Pacifique pourraient totalement disparaître.

Exprimer un doute

Je ne pense pas que ce soit la meilleure solution.

Exprimer une certitude

Il est certain que la voiture électrique est le véhicule de l'avenir.

Exprimer une condition

Le traité sur le climat atteindra son but, à condition que les délais soient respectés.

Exprimer un sentiment

Je crains que l'action de ce collectif ne soit pas assez efficace.

Reformuler

Ce que j'ai voulu dire exactement c'est que tout le monde peut partager ses connaissances.

Rapporter les paroles de quelqu'un

L'auteur affirme que le réchauffement climatique n'est pas dû à la pollution.

Raconter une expérience passée

J'ai rencontré le même problème quand j'avais 15 ans.

Comparer

On peut observer le même phénomène dans mon pays, avec quelques différences tout de même.

Donner des exemples

Prenons par exemple le cas des inégalités salariales.

Grammaire essentielle

Vous devez normalement connaître la grammaire essentielle des niveaux précédents (B1, etc.).

Voici les points importants à connaître pour réussir au DELF B2, en particulier pour **l'argumentation à l'oral.**

Les temps du passé : passé composé/imparfait/plus-que-parfait

À 20 ans, je n'aimais pas rester chez moi. J'avais déjà beaucoup voyagé. Je me suis décidé à faire le tour du monde.

L'infinitif passé

Après avoir terminé mes études, j'ai travaillé deux ans dans l'humanitaire.

Le gérondif

En réduisant notre consommation de viande, on pourrait limiter les émissions de gaz à effet de serre.

Le futur antérieur

Si on ne fait rien, la pollution aura doublé dans dix ans.

Le conditionnel présent

L'annulation des accords sur le climat serait catastrophique.

Le conditionnel passé

Les conséquences auraient pu être plus graves.

Les indicateurs de temps et de durée

On ne peut pas espérer d'amélioration importante à court terme.

Le discours indirect au passé

Certains dirigeants ont affirmé que le réchauffement climatique n'était pas si inquiétant.

Les pronoms relatifs composés

C'est une solution à laquelle je crois beaucoup.

Les verbes prépositionnels avec « à » ou « de »

Il faudrait que nous arrivions à réduire les écarts de salaire. /Je crains qu'ils refusent de changer.

Les adjectifs accompagnés de prépositions

Tout le monde n'est pas prêt à réduire sa consommation d'énergie.

Les verbes suivis de l'indicatif ou du subjonctif

Je pense que c'est possible. / J'ai peur que ce soit impossible.

Les conjonctions suivies de l'indicatif

Même s'il est difficile de convaincre la population, il faut poursuivre les campagnes d'information.

Les conjonctions suivies du subjonctif

Bien qu'elles fassent le même travail, les femmes touchent un salaire inférieur.

Les conjonctions suivies de l'infinitif

Cette application a été développée en vue de réduire le gaspillage alimentaire.

Marqueurs essentiels

Cette liste récapitule les mots et expressions utiles pour **organiser une production orale.** En donnant des repères aux personnes qui vous écoutent, ils rendent votre exposé plus clair et ainsi plus facile à suivre.

Situer le problème

— Ce document traite de.../pose le problème de...

— Cet article évoque...

— Dans l'article intitulé..., l'auteur affirme que...

Poser la problématique

— Je tenterai de répondre à la question suivante...

— Cela m'amène à poser la question suivante...

Annoncer le plan

— Nous verrons tout d'abord que... Ensuite...

— Je commencerai par... Je continuerai par... Je terminerai par...

— Nous verrons d'une part que... Je montrerai d'autre part que...

Énumérer des arguments

— Tout d'abord... Ensuite... Enfin...

— En premier lieu... En deuxième lieu... En dernier lieu...

— D'une part... D'autre part...

Aménager des transitions

— Venons-en à + nom

— Passons à présent à la question de + nom

— Cela nous amène à + nom/+ phrase infinitive

— Après avoir examiné les causes, considérons maintenant les solutions.

Citer des propos

— L'auteur de cet article affirme que...

— Selon X...

— Comme l'écrit X ...

— X estime que...

— X pense que ...

Donner des exemples

— Je vais prendre un exemple...

— ... comme...

— Considérons par exemple le cas de + nom

— Prenons par exemple le cas de + nom

Conclure

— En définitive...

— En conclusion...

— Pour conclure...

— En résumé...

Liens utiles

Retrouvez cette sitographie mise à jour sur le site de Commun français :

communfrancais.com/ressources/production-orale-delf-b2/

Lire la presse francophone

Les documents utilisés à l'examen sont toujours des extraits d'articles de presse. Voici quelques exemples de journaux et magazines que vous pouvez lire gratuitement sur Internet. Pour lire des articles de type argumentatif, vous pouvez chercher dans les catégories « idées », « opinions », « débats », « point de vue », « tribune » ...

Le Figaro : http://www.lefigaro.fr/

Le Huffington Post : http://www.huffingtonpost.fr/

Le Monde : http://www.lemonde.fr/

Le Point : http://www.lepoint.fr/

L'Express : http://www.lexpress.fr/

Libération : http://www.liberation.fr/

Marianne : https://www.marianne.net/

Radios et télévisions

Le journal en français facile : https://savoirs.rfi.fr/fr/apprendre-enseigner/langue-francaise/journal-en-francais-facile

Le débat du jour : http://www.rfi.fr/emission/debat-jour

Actu FLE : https://rpn.univ-lille3.fr/public/actufle/

Reportages : http://fr.ver-taal.com/reportages.htm

Euronews : http://fr.euronews.com/

Liens utiles

Améliorer son français

Pour trouver des leçons et des activités de grammaire, de vocabulaire, etc.

Amélioration du français ; https://www.ccdmd.qc.ca/fr/

Le point du FLE : https://www.lepointdufle.net/

Parler

Pour trouver de l'aide quand vous préparez une production orale.

Banque de dépannage linguistique : http://www.oqlf.gouv.qc.ca/ressources/bdl.html

Parler français : http://parler-francais.eklablog.com/

Le rouleau des prépositions : http://www.btb.termiumplus.gc.ca/tpv2guides/guides/rdp/index-fra.html?lang=fra

Va te faire conjuguer : http://www.vatefaireconjuguer.com/

Dictionnaires unilingues (français-français)

Pour vérifier le sens d'un mot et sa prononciation.

Dictionnaire français : http://dictionnaire.education/

Le Larousse : http://www.larousse.fr/

Le Trésor de la langue française informatisé : http://atilf.atilf.fr/

Dictionnaires bilingues

Pour traduire un mot de votre langue maternelle en français.

Pons : http://fr.pons.com/traduction

Reverso : http://context.reverso.net/traduction/

WordReference : http://www.wordreference.com/

Dictionnaire des synonymes

Dictionnaire électronique des synonymes : http://www.crisco.unicaen.fr/des/

Outils

Planifier

Les cartes conceptuelles (ou mentales) peuvent servir pour faire un remue-méninges (brainstorming), organiser son plan avant de présenter un exposé, mais aussi pour classer du vocabulaire, des fonctions, etc. De nombreux outils sont disponibles en ligne ou en application mobile, par exemple :

Mindomo : https://www.mindomo.com/fr/

Mindmeister : https://www.mindmeister.com/fr

Vérifier la prononciation

Sound of text : https://soundoftext.com/

Enregistrer une production orale

Tous les ordinateurs et smartphones permettent aujourd'hui de s'enregistrer. Ces 2 outils permettent également d'éditer un fichier, comme couper des passages, améliorer la qualité du son, etc.

Audacity (outil à installer sur votre ordinateur) : http://audacity.fr/

Sodaphonic (outil à utiliser directement en ligne) : https://sodaphonic.com/

Partager une production orale

Vous voulez envoyer votre production orale par e-mail à un ami ? Vous voulez la partager sur un forum pour demander des conseils ?

Vocaroo : https://vocaroo.com/

Printed by Amazon Italia Logistica S.r.l.
Torrazza Piemonte (TO), Italy

45891485R00085